STAR WARS™
GALAXY'S EDGE

DAS OFFIZIELLE KOCHBUCH DES BLACK SPIRE-AUSSENPOSTENS

STAR WARS™

GALAXY'S EDGE

DAS OFFIZIELLE KOCHBUCH DES BLACK SPIRE-AUSSENPOSTENS

VON CHELSEA MONROE-CASSEL
UND MARC SUMERAK

MIT FOTOS VON TED THOMAS

PANINI BOOKS

INHALT

EINLEITUNG

Essen ist Kunst. Klar, manchmal kommt es einem nicht so vor, wenn man auf einem überfüllten Raumhafen eine halbe Ewigkeit auf einem faden Ronto-Wrap herumkaut. In solchen Momenten ist Nahrung einfach etwas, das man braucht, damit die eigenen Triebwerke weiterlaufen. Doch jetzt haltet für einen Moment inne und denkt daran, wie eine Prise Sikowurzel ein hässliches Lasttier in eine verführerische Köstlichkeit verwandelt. Und womöglich fangt ihr dann an, Essen so zu sehen, wie ich es tue.

Mein Name ist Strono Tuggs. Aber ihr könnt mich Cookie nennen. Das tut jeder.

Falls es euch schon mal nach Takodana verschlagen hat, kennt ihr mich vielleicht. Oder zumindest meine Arbeit. Denn, wisst ihr, ich war das letzte Jahrhundert über Chefkoch in Maz Kanatas Burg. Es war mein Job, die Bäuche ihrer geschätzten – und nicht ganz so geschätzten – Gäste zu füllen. Nichts machte mich glücklicher, als die Soße von den Tentakeln eines Quarren-Schmugglers tropfen zu sehen, der heißhungrig eine Mahlzeit heruntergeschlungen hat, die ich zubereitet hatte. Ob Jedi oder Gesetzloser – mich scherte es wenig, wer mein Essen aß, so lange sie Hunger hatten. Und hungrig waren sie *immer*. Ah, die gute alte Zeit …

Diese guten Tage fanden allerdings ein jähes Ende, als die Erste Ordnung Maz' Burg in einen Trümmerhaufen verwandelte, darunter auch meine Küche. In diesem Moment war ich mir sicher, ich hätte meinen letzten Gang serviert. Doch wie sich zeigte, war das Ganze bloß das Appetithäppchen eines vollkommen neuen Menüs.

Aber ich greife vor. Man sollte den Hauptgang nie vor der Suppe reichen! Bevor ihr euch mit dem auseinandersetzt, was ich heute so mache, wäre es vermutlich klüger, erstmal zu wissen, wo ich herkomme. Schließlich haben wir alle unsere Geschichte. Und meine ist ziemlich abwechslungsreich.

Mein Volk, die Artiodacs, gehört nicht unbedingt zu den ansehnlichsten Spezies in der Galaxis. Und ich bin der Erste, der zugibt, dass meine Visage ganz besonders unansehnlich ist, selbst an unseren Maßstäben gemessen. Und damit klarzukommen, der Hässlichste der Hässlichen zu sein, ist mir nicht immer leichtgefallen. Doch ich habe trotzdem immer daran geglaubt, dass dort draußen irgendwo Schönheit existiert. Ich wusste, dass ich sie nicht im Spiegel finden würde, aber ich hätte niemals vermutet, dass ich sie stattdessen auf einem Teller entdecke.

Damals, als ich noch jünger war, hatte ich das Glück, zufällig über einige uralte Holovideos einer Köchin namens Gormaanda zu stolpern. Vermutlich habt ihr noch nie von ihr gehört, doch sie war eine vierarmige Naturgewalt, die etwas total Einfaches – ja, sogar etwas Hässliches – in etwas Außergewöhnliches verwandeln konnte. Und wenn sie das mit Essen hinbekam, dachte ich mir, kriegt sie das ja womöglich auch irgendwie mit *mir* hin. Von der Sekunde an, als ich ihr beim Kochen zuschaute, wusste ich, was ich mit meinem Leben anfangen wollte. Endlich hatte ich das Schöne gefunden, nach dem ich gesucht hatte.

Und so folgte ich ihrem Beispiel und begann, auf der Suche nach neuen Geschmäckern durchs Outer Rim zu reisen, während ich an meinen eigenen Rezepten feilte und meine Kochkünste verbesserte. Jede Welt, die ich besuchte, erweiterte meine stetig wachsende Palette um neue Zutaten und Zubereitungstechniken. Ich studierte jede lokale Spezialität, die ich nur finden konnte, von den Salaten auf Savareen bis hin zu den Nachspeisen von D'Qar. Nicht alle dieser Gerichte waren Knaller, ganz im Gegenteil! Tatsächlich glaube ich, selbst Rathare wären außerstande, die Küche einiger Planeten zu verdauen. Aber selbst die übelsten Speisen haben mich etwas Neues darüber gelehrt, wie man Aromen kombiniert – oder, in manchen Fällen, welche Geschmäcker man lieber *nicht* zusammenbringt.

Nachdem ich einige Jahre lang die Gastronomie der ganzen Galaxis erkundet hatte, war ich schließlich bereit, meine eigenen Gerichte anzubieten. Dummerweise waren die Leute damals aber noch nicht so weit, dass ich sie auch hätte *servieren* können. Belassen wir es einfach dabei, zu sagen, dass meine Anwesenheit im Gastraum nicht unbedingt den Appetit der Gäste angeregt hat. Allerdings habe ich mich davon nicht aufhalten lassen. Kochen liegt mir nun mal im Blut. (Und manchmal, wenn ich mit besonders widerspenstigen Zutaten gekämpft habe, auch im Essen.)

Doch erst, als ich die gute, alte Maz traf, war endlich jemand gewillt, über mein Äußeres hinwegzusehen und mein Essen für sich selbst sprechen zu lassen. Sie sorgte für meinen großen Durchbruch: Sie machte mich zu ihrem Küchenchef und überließ es mir, dafür zu sorgen, dass ihre Gäste satt wurden. Und ich? Ich stellte mich freudig dieser Herausforderung und kochte, als hinge mein Leben davon ab! (Und angesichts der Klientel, die ihr Etablissement besuchte, tat es das manchmal tatsächlich.) Dank Maz konnte ich das nächste Jahrhundert über das tun, was ich am meisten liebe. Und dann ... war mit einem Mal alles vorbei, einfach so. Die Burg wurde zerstört und meine Souschefs machten sich angsterfüllt aus dem Staub.

Aber obwohl ich meine Küche verloren hatte, waren mir all meine Rezepte und meine Kochleidenschaft geblieben. Und so lange ich diese beiden Dinge hatte, kümmerte es mich nicht, ob ich in einem schicken Schloss auf Takodana oder in einer winzigen Hütte auf Tatooine am Herd stand. Schließlich hatte ich, bevor Maz mich anheuerte, die ganze verdammte Galaxis bereist, um mein Handwerk zu perfektionieren. Vielleicht, sagte ich mir, war das ja in Wahrheit gar keine Tragödie, sondern vielmehr eine Chance, zu meinen kulinarischen Wurzeln zurückzukehren und meinen Horizont noch mehr zu erweitern.

Darum kaufte ich mir einen hübschen Foodfrachter – ein Sienar-Chall-Allzwecktransportshuttle – und stopfte es mit allem voll, was ich irgendwie zusammenraffen konnte. Einiges von meiner Kochausrüstung hatte den Untergang der Burg überlebt, aber die Nahrungsmittel waren komplett dahin. (Wirklich eine Schande – im Gefrierraum waren noch ein paar tolle Gorntsteaks, die ich eigens für einen besonderen Anlass aufgehoben hatte.) Aber irgendwie ist es nur logisch, dass ein Neuanfang auch neue, frische Zutaten mit sich bringt, oder? Also zog ich los, um von all den Planeten, denen ich in meinen frühen Tagen einen Besuch abgestattet hatte, einige meiner Lieblingsingredienzien zu beschaffen. Und dazu noch einige merkwürdige neue Gewürze, neue Fleischsorten und neues Gemüse von Welten, auf denen ich vorher noch nie gewesen war.

Und während ich meine Vorratskammer mit exotischen Lebensmitteln aus Dutzenden Systemen füllte, so füllte sich mein Kopf zugleich mit aufregenden neuen Rezeptideen. Jetzt brauchte ich bloß noch jemanden, für den ich sie alle kochen konnte. Ich muss zugeben, dass ich ziemlich überrascht war, festzustellen, dass mir die vielen Jahre, die ich für Maz in der Küche stand, im Outer Rim einen verdammt guten Ruf eingebracht hatten. Irgendwie schienen die Leute auf jedem einzelnen Planeten, zu dem ich kam, Legenden über diese berühmte alte Burg gehört zu haben, und alle wollten ein Stückchen Takodana abhaben. Dass sich mir eine solche Gelegenheit bieten würde, damit hatte ich beim besten Willen nicht gerechnet, doch ich hatte nicht vor, sie mir durch die Lappen gehen zu lassen!

Und so verschlug es mich schließlich hierher. Mein Foodfrachter hilft mir, die Raumhäfen und Andockbuchten von Bespin bis Batuu mit einer sorgsam zubereiteten Auswahl meiner Lieblingsgerichte – oder wie ich sie gern nenne: Tuggs' Fressalien – zu beliefern. Einige Stopps dauern länger ans andere, je nachdem, wie freundlich – und wie *hungrig* – die Einheimischen sind. Sobald meine Vorräte aufgebraucht sind, fliege ich zum nächsten Planeten, um neue Zutaten zu besorgen und weitere hungrige Mäuler zu stopfen. Dabei

versuche ich, auf jeder Welt, die ich besuche, ein kleines Stück von mir und meiner Kochkunst zurückzulassen. Und genau das haltet ihr gerade in euren Händen!

Wisst ihr, schon vor langer Zeit habe ich gelernt, wie wichtig es für einen Koch ist, seine Rezepte mit der ganzen Galaxis zu teilen. Denn hätte Gormaanda damals nicht diese Holovideos aufgenommen, wäre ich heute garantiert nicht hier draußen und würde kochen. Außerdem habe ich schon mitangesehen, wie einige großartige Köche abgeschlachtet wurden, weil sie die Zutaten für ihre Soßen zum Staatsgeheimnis erklärt hatten. Deshalb verrate ich euch lieber freiwillig alle meine Rezepte ... und das zu einem ausgesprochen vernünftigen Preis!

Wie ich anfangs schon sagte, Essen ist Kunst. Wenn ihr Glück habt, findet ihr also vielleicht beim Schmökern in diesem Buch dasselbe, das ich vor all diesen Jahren auf meinem Teller entdeckt habe – etwas Schönes. Und falls nicht ... Na ja, dann habt ihr am Ende hoffentlich zumindest etwas im Magen!

ALSO HAUT ORDENTLICH REIN!

COOKIE

DER BLACK SPIRE-AUSSENPOSTEN

Ich habe etliche Welten im Outer Rim und jenseits davon besucht. Und es gibt nicht viele, auf denen ich lieber bin, als auf Batuu. Schon möglich, dass das Essen gleich schmeckt, egal, auf welchem Planeten man es isst. Doch andererseits hat es durchaus Gründe, dass man nicht viele Leute sieht, die unter dem versmogten Himmel von Corellia ein feines Mahl genießen. Der Ort spielt sehr wohl eine Rolle, und Batuu wurde in dieser Hinsicht schon viel zu lange ignoriert.

Selbst in den guten, alten Zeiten, bevor ich anfing, für Maz zu arbeiten, war Batuu ein regelmäßiger Stopp für Reisende wie mich, die in dem Bestreben, Handel zu treiben oder ihr Schiff aufzutanken, unterwegs durch den Outer Rim waren. Doch als die neuen Hyperraumrouten weit an diesem Planeten vorbei verliefen, verschwand Batuu für die meisten heimlich, still und leise von der Sternenkarte. Deshalb tummelte sich auf den Raumhäfen von Batuu schon bald eine ganz neue Art von Besuchern: Die Art von Leuten, die sich größte Mühe gibt, keine Aufmerksamkeit zu erregen.

Die Außenposten von Batuu entwickelten sich zu einem perfekten Versteck für all jene, die dem wachsamen Auge der Ersten Ordnung zu entkommen suchen – oder sich einfach bloß so lange irgendwo verkriechen wollen, bis die Hutten die Schulden, die sie bei ihnen haben, irgendwann vergessen. Seitdem haust ein ziemlich widerwärtiger Haufen auf diesem Planeten, das ist mal sicher. Aber wenn ich während meiner Zeit in Maz' Burg etwas über Schmuggler und Diebe gelernt habe, dann, dass sie immer Hunger haben. Daher ist Batuu der ideale Ort, um dort meine Speisen anzubieten.

Wenn ich auf Batuu andocke, dann immer beim Black Spire-Außenposten. Die dortige Siedlung ist die größte auf dem Planeten, mit den meisten Bewohnern. Außerdem gibt es hier alles, was ich für einen längeren

Aufenthalt brauche. Dank der ländlichen Umgebung kommt man einfach an frisches Gemüse und exotisches Fleisch, und falls ich feststelle, dass mir irgendein seltenes Gewürz fehlt, wende ich mich an meinen Kumpel Dok-Ondar, der den örtlichen Antiquitätenladen betreibt und sich meisterhaft darauf versteht, ausgefallene Waren zu beschaffen. So ist Dok-Ondar z. B. der Einzige, bei dem ich meinen Vorrat an Goldstaub aufstocken kann, einer auf Batuu heimischen Gattung der Goldaugenflechte, deren pikante Schärfe einfach jedes Gericht sofort um Längen besser macht. Doch was am Wichtigsten ist: Der Black Spire-Außenposten ist voll von hungrigen Gästen, die begierig darauf sind, Tuggs' Fressalien zu probieren!

Seit meinem letzten Besuch in Black Spire ist die Erste Ordnung dort aufgetaucht und hat eine der Andockbuchten des Raumhafens besetzt. Gerüchten zufolge suchen sie nach einem Versteck des Widerstands, irgendwo in den Ruinen jenseits des Außenpostens. Die Anwesenheit der Ersten Ordnung hat meine Stammgäste ein bisschen verunsichert, um es mal zurückhaltend zu formulieren. Und ich gebe zu, dass auch ich selbst nach dem, was die mit meiner Küche auf Takodana gemacht haben, nicht allzu scharf darauf bin, sie hier zu sehen. Aber so lange sie die nötigen Credits mitbringen, serviere ich ihnen, falls sie irgendwann bei mir reinschauen sollten, mit Freuden dasselbe wie allen anderen Kunden. (Auch wenn ich ihre Portionen vermutlich mit etwas weniger Goldstaub garnieren werde.)

Abgesehen davon kann ich nicht anders, als den Black Spire-Außenposten zu lieben, ganz gleich, wie viele Sturmtruppler auf dem Markt patrouillieren. Die Siedlung hat einfach diesen rustikalen Charme, den zivilisiertere Welten schon vor langer Zeit eingebüßt haben, und ich fühle mich hier stets willkommen. Ich habe hier Freunde gewonnen, und ja, mir auch ein paar Feinde gemacht. Doch dieser Ort hat etwas Besonderes, das mich immer wieder hierher zurückkehren lässt. Und ich kenne eine Menge Leute, denen es genauso geht.

Tatsächlich denke ich darüber nach, meinen gegenwärtigen Aufenthalt auf Batuu über meine übliche, begrenzte Zeit hinaus zu verlängern – allerdings nur, wenn ich einen Weg finde, dafür zu sorgen, dass meine Vorratskammer hinreichend gefüllt bleibt. Bloß gut, dass ich zufällig weiß, wo ich ein paar Schmuggler finde …

ANDOCKBUCHT 7
ESSEN + FRACHT

Keine Frage, von außen macht der Laden nicht sonderlich viel her, aber dieser umgebaute Frachtcontainer am Rande des Marktes von Batuu ist der perfekte Ort im Black Spire-Außenposten, um meine Zelte aufzuschlagen. Dabei kommt es mir natürlich zugute, dass ich bereits daran gewöhnt bin, an unorthodoxen Plätzen zu arbeiten. Meine Küche in Maz' Burg auf Takodana war ja letzten Endes auch nicht viel mehr als eine zweckentfremdete Abstellkammer. Dementsprechend habe ich schon früh in meiner Laufbahn gelernt, das Beste aus dem zu machen, was mir zur Verfügung steht.

Die umgewandelten Frachtcontainer von Andockbucht 7 bieten sämtliche grundlegenden Zutaten an, die man sich als Chefkoch auf der Durchreise nur wünschen kann – einschließlich einer voll ausgestatteten Küche und Plätzen, wo hungrige Gäste essen können. Außerdem gibt es Container, wo einheimische Händler ihre Waren verhökern, was mir Zugang zu frischen, lokalen Zutaten verschafft und meinen Kunden die Möglichkeit gibt, beim Mampfen irgendwelche interessanten Dinge zu begaffen. Ja, es gibt sogar einen Container mit einer Theke, wo auf schicken Bildschirmen meine Gerichte zu sehen sind, die die Leute dann dort bestellen können. Auf diese Weise erfahren die Gäste, was sie erwartet, während ich mich voll und ganz auf das konzentrieren kann, was ich am besten kann: Kochen!

Aber so gern ich die Annehmlichkeiten von Andockbucht 7 auch nutze, muss ich doch sagen, dass jeder Chefkoch dem kulinarischen Erlebnis, das er kredenzt, seine ganz eigene, persönliche Note verleihen möchte. Jedenfalls gilt das für mich. Deshalb lande ich mit meinem treuen Foodfrachter immer direkt auf dem Dach des Hangars. Von dort lasse ich dann meine Frachtcontainer nach unten, die voll sind mit allem, was ein Koch wie ich braucht, um qualitativ hochwertige Verpflegung zu zaubern, von frischen Zutaten bis hin zu ganz speziellen Kochgerätschaften.

Einigen Gästen mag ein bisschen unbehaglich zumute sein, dass beim Essen einer dieser riesigen Container über ihren Köpfen baumelt, aber ich finde, dadurch wird die ganze Erfahrung nur noch aufregender. Wobei die Leute natürlich auch jederzeit nach draußen gehen und sich in dem hübschen, schattigen Hof, der an den Hangar angrenzt, ein nettes Sitzplätzchen suchen können.

Obwohl ich immer mein eigenes Team galaktisch guter Souschefs mitbringe, um mir in der Küche zur Hand zu gehen, kümmern sich einheimische Batuurianer darum, die Gäste draußen vor dem Gebäude zu bedienen. Zum Glück sind das alles Profis, die wissen, was sie tun. Im Laufe der Jahre haben sie jede Menge Foodfrachter kommen und gehen sehen, daher haben sie kein Problem

damit, sich kurzfristig an neue Speisekarten zu gewöhnen und auf große Egos einzustellen. Die Batuurianer gehören zu den effizientesten, freundlichsten Leutchen, mit denen ich jemals zusammengearbeitet habe, und sie behandeln meine Gäste stets mit dem gleichen Respekt, den sie auch mir entgegenbringen. (Vielleicht, weil sie genau wissen, dass ich sie mir vorknöpfe, wenn es anders wäre.)

Ein Schild draußen vor der Andockbucht wirbt für den (ständig wechselnden) Foodfrachter der Woche. Sobald es für mich Zeit wird, aufzubrechen, nimmt ein anderer Koch meinen Platz ein, um die nächste hungrige Meute zu verköstigen, ohne dass einer auch nur eine einzige Mahlzeit verpasst. Aber wie ich schon sagte, dieser Ort ist mir echt ans Herz gewachsen. Vielleicht sollte ich mich mal erkundigen, ob sie unter Umständen bereit wären, das Schild gegen eins auszutauschen, das dauerhaft dort hängt?

DAS SIENAR-CHALL-ALLZWECKTRANSPORTSHUTTLE

Nachdem ich ein gutes Jahrhundert lang in ein- und derselben Küche gewerkelt habe, ist es schön, endlich mal rauszukommen und ein paar andere Sternensysteme zu sehen. Wie bereits erwähnt, dient gegenwärtig ein umgebautes Sienar-Chall-Allzwecktransportshuttle als mein kulinarisches Hauptquartier – allein aus diesem Grund ist das Ganze überhaupt möglich. Das Schiff wurde nicht eigens als Foodfrachter entworfen, doch einige kleinere Modifikationen haben genügt, um mein Baby in ein voll funktionsfähiges mobiles Küchen-Restaurant zu verwandeln, das es mir erlaubt, meine Kreationen auf jeder beliebigen Welt anzubieten, die mir dafür geeignet erscheint. Mittlerweile betrachte ich das Shuttle als »reisendes Restaurant für reisende Gäste«. Klingt doch gut, oder?

Das Beste an diesem besonderen Vehikel ist allerdings seine Vielseitigkeit. Das modulare Frachtergerüst kann bis obenhin mit allem vollgestopft werden, das ich spontan zum Kochen brauchen könnte. Im Augenblick habe ich drei Frachtcontainer, von denen jeder einen speziellen Zweck erfüllt. Einer dient mir als Gefrierraum, während ein anderer mein Vorratsraum für frische Waren ist. Und natürlich habe ich einen Container, in dem sich die ganzen Küchenutensilien befinden, die ich im Laufe der Jahre zusammengetragen habe.

Abgesehen davon verfügen meine Container – im Gegensatz zu den meisten anderen – über fest installierte Lebenserhaltungssysteme, was mir den Luxus gestattet, lebendige Zutaten mit maximaler Frische und in unbegrenzter Vielfalt quer durch den Outer Rim zu transportieren. Das bedeutet, dass Leute, die noch niemals frische Tip-Yips oder Yobshrimps hatten, endlich die Möglichkeit haben, diese Köstlichkeiten zu probieren, ohne Angst haben zu müssen, sich dabei zu vergiften. Dieses Schiff erlaubt es mir, nicht nur ein Stückchen Takodana mit ihnen zu teilen, sondern eine ganze *Galaxis* an Aromen!

83
80
77

BLACK SPIRE-GASTRONOMIE

Raumhäfen schlafen niemals, daher stehe ich normalerweise rund um die Uhr am Herd. Doch bei den seltenen Gelegenheiten, bei denen ich die Andockbucht verlasse, koste ich gern das lokale Essen. Denn kein Koch will immer nur seine eigenen Gerichte genießen. Und obwohl ich zu behaupten wage, dass ich auf Batuu am ehesten das biete, was man als »gehobene Küche« bezeichnen könnte, scheint es, als würden die Einheimischen auch ohne mich bestens damit klarkommen, ihre Landsleute anständig zu verköstigen.

RONTO-BRATEREI »RONTO ROASTERS«

Wollt ihr eure Zähne ins köstlichste Fleisch im ganzen Outer Rim graben? Dann geht rüber zum Markt und sprecht mit Bakkar. Dieser Menschenmann von Tatooine ist Schlachter in der vierten Generation und brutzelt auf den Flammen eines modifizierten Podrenner-Triebwerks riesige Stücke Rontofleisch (Rontos sind Lasttiere von seinem Heimatplaneten) – absolut perfekt! Natürlich sollte das größte Lob hierfür vermutlich an seinen Grillmeister gehen, einen ehemaligen Schmelzer-Droiden namens 8D-J8, der darauf programmiert wurde, die gewaltigen Rontokeulen unter dem offenen Feuer des Triebwerks ständig zu drehen, damit das Fleisch möglichst gleichmäßig gart. Zwar servieren Bakkar und 8D-J8 auch eine breite Palette anderer Fleisch- und lokaler Gemüsesorten, aber der Ronto-Wrap ist nicht umsonst ihr Verkaufsschlager. Ich habe mehr als einmal versucht, Bakkar dazu zu bringen, mir das Familienrezept für seine geheime Gewürzmischung zu verraten, doch bislang ohne Erfolg. Das respektiere ich – auch wenn es mich nicht davon abhält, zu versuchen, durch Ausprobieren von allein auf die richtigen Zutaten zu kommen.

OGAS CANTINA

Nachdem ihr euch den Bauch mit gebratenem Ronto vollgeschlagen habt, steht euch der Sinn vermutlich nach einem leckeren Gesöff, um die Verdauung anzuregen. Bei Bakkar bekommt man immer ein trandoshanisches Bier, und man kann jederzeit einen Astromech-Droiden herbeiwinken, der eine von Jat Kaas mobilen Kühlboxen durch die Gegend schleppt. Aber wenn ihr auf einen Trunk mit etwas mehr Flair aus seid, gibt es im Black Spire-Außenposten nur einen einzigen Ort dafür: Ogas Cantina! Ogas erfahrene Barkeeper warten nur darauf, euch die stärksten – und schrägsten – Cocktails auf dieser Seite des Wilden Raums zu mixen! Natürlich hat sich diese Bar längst zur »Operationsbasis« der Piraten und Gauner entwickelt, die Batuu ihr Zuhause nennen. Und ganz unter uns: Es gibt hier keinen größeren Gauner als die Betreiberin der Cantina selbst, Oga Garra. Diese Blutopianerin führt nicht bloß die Cantina – sie hat in allem, was in Black Spire passiert, irgendwie die Finger drin. Alle Geschäfte, die auf dem Außenposten abgewickelt werden – einschließlich meiner –, sind auch *ihre* Geschäfte. Normalerweise versuche ich, auf Abstand zu bleiben, um nicht in irgendwelche unnötigen Dramen verwickelt zu werden. Doch dank zünftiger Drinks wie dem Karbongefrierer, dem Benebelten Tauntaun und dem Blutigen Rancor, die auf ihrer Karte stehen, finden die Dramen für gewöhnlich *mich*, ohne dass ich das Geringste dafür kann.

DER MILCHSTAND

Bakkar, dieser rontobratende Schlachter, ist nicht der einzige Übersiedler von Tatooine, der seine Rezepte mit nach Black Spire gebracht hat. Vor ein paar Jahren kam der aqualishianische Milchbauer Bubo Wamba mit nichts als großen Träumen und einer noch größeren Herde Banthas nach Batuu. Diese riesigen, pelzigen Wüsten-Säugetiere produzieren eine süße, blaue Milch, die mit nichts vergleichbar ist, das ich jemals zuvor gekostet habe. Bubo machte in Black Spire einen kleinen Marktstand auf, um dieses kühle, erfrischende, blaue Gesöff unters Volk zu bringen, das bei den Einheimischen sofort super ankam. Außerdem verkauft er eine seltene grüne Milch, die von Seesäuen stammt, die als Thala-Sirenen bekannt und nur auf einigen wenigen Wasserwelten zu finden sind. Allein für sich genommen – also pur – schmecken sowohl die blaue, als auch die grüne Milch schon großartig, doch wenn man sie als Grundlage für etwas … *berauschendere* Getränke verwendet, sind sie einfach galaktisch köstlich!

KAT SAKAS KESSEL

Mit Getreide von der kleinen Farm ihrer Familie in den Grenzbezirken des Black Spire-Außenpostens stellt eine Menschenfrau namens Kat Saka einen der einzigartigsten, denkwürdigsten Snacks des geschäftigen Raumhafens her. Kats im Kessel aufgepoppte Körner werden mit ungewöhnlichen Aromen kombiniert, um ihre typische Außenposten-Mischung zu kreieren, die auf dem Markt erhältlich ist. Diese Popcorn-Variante ist süß und salzig und würzig, und alles zur selben Zeit. Ich weiß zwar nicht genau, womit sie das Zeug würzt, aber was auch immer es ist – es schmeckt köstlich! Außerdem verkauft Kat importierte Gewürze und lokale, noch nicht aufgepoppte Körner direkt von ihrer Familienfarm. Ich bin bei ihr Stammkunde, wann immer ich in der Siedlung bin. Ganz egal, wie sehr ich mir auch vornehme, ihren Leckereien zu widerstehen – ich ertappe mich jedes Mal aufs Neue dabei, dass ich einige Tüten ihrer grandiosen Außenposten-Mischung mit auf meinen Bestellzettel setze.

WÜRZMITTEL, SOSSEN + GARNIERUNGEN

Was, ihr dachtet, wir würden uns sofort auf die Hauptgerichte stürzen? Dann fahrt eure Triebwerke mal ein bisschen runter, Leute! Das wäre ja, als würde man versuchen, den Kessel-Flug zu meistern, bevor man weiß, wie man ein Raumschiff startet. In meiner Küche muss jeder Koch erstmal beweisen, dass er die einfachen Grundlagen beherrscht, bevor er die Chance bekommt, in den kulinarischen Hyperraum zu springen. (Nicht, dass irgendetwas von dem, was ich auf einen Teller packe, als »einfach« bezeichnet werden könnte.)

Vielleicht spielt ihr mit dem Gedanken, die folgenden Rezepte kurzerhand zu überblättern, um schnell zu denen zu kommen, an denen ein bisschen mehr »Fleisch« dran ist. Davon würde ich allerdings abraten, denn ihr werdet rasch feststellen, dass diese Rezepturen bei einigen der anderen, komplexeren Speisen in diesem Buch eine Schlüsselrolle spielen. Wir sprechen hier von den Gewürzen, die die natürlichen Aromen der Zutaten akzentuieren, von den Dips und den Soßen, die jeden Bissen erst vollkommen machen, und von den Garnituren, die ein »langweiliges« Gericht »atemberaubend« werden lassen.

Erst, wenn man aus dem Effeff weiß, wie man diese Dinge richtig einsetzt, fängt man an, die unzähligen aufregenden, neuen Möglichkeiten zu erkennen, wie man sie in die eigenen Kreationen integrieren kann. Teufel noch eins, gut möglich, dass einige davon letztlich in jeder einzelnen Speise landen, die ihr zubereitet! (Wahre Geschichte: Ich kenne einen Wookiee, der ohne einen Streuer meiner Nerfsteak-Würze (Seite 29) in seinem Bandelier nicht mehr aus dem Baumhaus geht!)

NERFSTEAK-WÜRZE

VORBEREITUNG: 5 MINUTEN
ERGIBT: 50 G
SCHWIERIGKEIT: EINFACH

VERWENDET BEI:
NERF-KEBABS (SEITE 105)

Zeit für ein Küchen-Geständnis: Im Laufe der Jahre bin ich sowas wie ein Gewürz-Junkie geworden. Aber keine Sorge, ich spreche hier nicht von dem illegalen Zeug, das das Pyke-Syndikat auf Kessel abbaut. Nee, ich meine den guten Stoff, den man verwendet, um den Geschmack eines Gerichts aufzupeppen! Und in letzter Zeit ist die Gewürzmischung, die ich am liebsten mag, eine meiner eigenen. Ich nenne sie Nerfsteak-Würze, weil sie ursprünglich dazu gedacht war, Nerfsteaks zu würzen. Allerdings habe ich ziemlich schnell festgestellt, dass dieses aromatisierte Salz auch gut zu so ziemlich allem anderen passt, von Tip-Yips bis hin zu Brutzelfritten. Für die eigene Herstellung empfehle ich euch, als Grundlage ein hochwertiges Qualitätssalz zu verwenden, so wie das, das man auf Crait findet. Und wenn ihr so drauf seid wie ich, macht ihr am besten gleich mehrere Portionen, damit ihr jederzeit etwas hiervon zur Hand habt, wenn ihr findet, dass eure Gerichte noch etwas mehr Wumms vertragen.

ZUTATEN

1 ESSLÖFFEL PAPRIKAPULVER
1 ESSLÖFFEL SALZ
1 ESSLÖFFEL ROHRZUCKER
1 ESSLÖFFEL KREUZKÜMMEL, GEMAHLEN
1 ESSLÖFFEL KNOBLAUCHPULVER
1 TEELÖFFEL PFEFFER
1 TEELÖFFEL GETROCKNETES BOHNENKRAUT, GEMAHLEN

1. In einer kleinen Schüssel alle Zutaten gut miteinander vermischen.
2. In ein luftdichtes Behältnis geben. Darin ist die Würze bis zu zwei Wochen haltbar.

SAKA-SALZ

Nicht viele Stände im Black Spire-Außenposten sind so beliebt wie Kat Sakas Kessel. Wie bereits erwähnt, bauen Kata und ihre Familie ihr Getreide schon seit Generationen auf Batuu an, und jetzt macht Kat aus diesen Körnern Popcorn und würzt sie mit einer breiten Palette verrückter Geschmackskombinationen. Einige davon sind fruchtig, andere salzig, wieder andere pikant und ein paar – so wie die extrem angesagte Außenposten-Mischung – alles auf einmal. Obwohl ich mein Bestes getan habe, um ihr das Geheimnis ihrer populärsten Geschmacksrichtung zu entlocken, hat Kat deutlich gemacht, dass sie niemandem dieses Rezept verraten wird. Doch da ich ihrem Stand bei meinen Besuchen auf Batuu regelmäßig einen Besuch abstatte, war Kat immerhin bereit, die Zusammenstellung einer ihrer anderen Gewürzmischungen mit mir zu teilen. Mal ganz unter uns: Wenn etwas so Leckeres wie das hier bloß die Nr. 2 bei ihr ist, dann hat sie im Umgang mit Gewürzen echt was drauf!

VORBEREITUNG: 5 MINUTEN
ERGIBT: CA. 3 ESSLÖFFEL
SCHWIERIGKEIT: EINFACH

VERWENDET BEI:
KATS KESSEL-POPCORN (SEITE 43)

ZUTATEN

2 ESSLÖFFEL ALAEA-SALZ
2 TEELÖFFEL GARAM MASALA

1. Alle Zutaten in eine Küchenmaschine geben und durcharbeiten, bis alles gut miteinander vermengt ist.
2. In ein luftdichtes Behältnis geben. Darin ist das Saka-Salz bis zu zwei Wochen haltbar.

GURRECK-SOSSE

Ewoks sehen vielleicht aus wie die knuffigsten Lebewesen der Galaxis. Aber wenn sie nicht gerade singen und tanzen, stellen sie für gewöhnlich ihre bemerkenswerten Fähigkeiten als Jäger unter Beweis. Diese pelzigen Waldbewohner sind Experten im Bauen von Waffen und Fallen, die ihnen dabei helfen, einige richtig große Beutetiere zu erlegen – und auf Endor gibt es nicht viele Tiere, die größer sind als der Gurreck. Wann immer die Ewoks eins dieser gnadenlosen Raubtiere erbeuten, feiern sie das mit einem Festmahl, bei dem normalerweise auch immer diese üppige grüne Soße aus frischen endorianischen Kräutern serviert wird. Glücklicherweise braucht man für die Herstellung keinen Gurreck, ihr müsst also keine geschickten Jäger sein, um sie zuzubereiten. Gießt sie über eure frittierten Tip-Yips (Seite 97) – eine leckere endorianische Geflügelart – und ich garantiere euch, dass ihr anschließend vor Begeisterung »Yub nub!« ruft. (Was immer das auch heißen mag.)

VORBEREITUNG: 5 MINUTEN
ERGIBT: 1 PORTION
SCHWIERIGKEIT: EINFACH

VERWENDET BEI:
FRITTIERTE ENDORIANISCHE TIP-YIPS (SEITE 97)

ZUTATEN

- 50 G FRISCHE PETERSILIE
- 1 ESSLÖFFEL FRISCHE GRÜNE KRÄUTER, Z. B. THYMIAN, BOHNENKRAUT UND MAJORAN
- PRISE SALZ
- 2 TEELÖFFEL APFELESSIG
- 120 ML OLIVENÖL
- 60 ML HÜHNERBRÜHE

1. Alle Zutaten außer der Hühnerbrühe in einer kleinen Schüssel miteinander vermischen und mit einem Pürierstab so lange pürieren, bis eine cremige Soße entsteht. Große Stückchen oder unverarbeitete Kräuter sollten nicht mehr zu erkennen sein.
2. Die Hühnerbrühe dazugeben und weiter pürieren, bis die Soße ganz glatt und geschmeidig ist.
3. Entweder sofort verwenden oder alternativ bis zum Gebrauch im Kühlschrank lagern (hier ist die Soße mehrere Tage haltbar). Vor dem Verwenden Zimmertemperatur annehmen lassen und nochmals kurz durchpürieren.

EMUL-SOSSE

Emul-Soße ist sowas wie der Astromech unter den Würzmitteln. Denn obwohl Astromech-Droiden eigentlich dazu entworfen wurden, Raumschiffe zu reparieren, können sie genauso Kopiloten, Schweißer oder sogar ganz hinreißende Reisegefährten sein. Diese enorme Anpassungsfähigkeit ist verdammt selten. Und genau dasselbe Maß an Vielseitigkeit besitzt auch diese herzhafte, cremige Soße, die ihr als Dip, als Dressing oder auch einfach als Brotaufstrich verwenden könnt. Ja, wenn gerade keiner hinschaut, kann man sie auch pur mit dem Löffel essen. Aufgrund eines unschönen Zwischenfalls vor einigen Jahren mit zwei durchgeknallten Droiden, die anstatt auf gutes Essen vor allem auf Gewalt aus waren, bin ich zwar ein bisschen ängstlich, wenn es darum geht, Astromechs in meine Küche zu lassen. Emul-Soße hingegen ist mir stets willkommen!

VORBEREITUNG: 15 MINUTEN
ERGIBT: CA. 200 ML
SCHWIERIGKEIT: EINFACH

VERWENDET BEI:
GEFÜLLTE PIKOBI-EIER (SEITE 63)

ZUTATEN

- 2 EIGELB, BEI ZIMMERTEMPERATUR
- ½ TEELÖFFEL SALZ
- 2 ESSLÖFFEL SEHR KALTES WASSER
- 1 TEELÖFFEL REISESSIG
- 360 ML KALTES OLIVENÖL
- 1 BIS 2 ESSLÖFFEL WEISSE MISOPASTE

1. Das Eigelb, das Salz, das Wasser und den Essig in einer kleinen Schüssel oder einem Krug mit großer Öffnung vermengen und mit einem Pürierstab durcharbeiten.
2. Beim Pürieren langsam das Öl dazugeben. Einige Minuten weiter pürieren. Die Mixtur sollte dickflüssig werden und eine trübe Färbung annehmen.
3. Nach und nach die Misopaste einarbeiten, bis die Soße schmeckt wie gewünscht.

MOOGANISCHER WÜRZSIRUP

Einst gab es eine Zeit, da wurde ein süß-herzhaftes Gebräu namens Mooga-Tee (Seite 143) in jeder Cantina im Outer Rim jeden Tag frisch aufgebrüht. Das änderte sich schlagartig, als die Handelsgilde die Kontrolle über den Planeten Mooga übernahm und ihren »Anspruch« auf das bekannteste Getränk dieser Welt anmeldete. Fest entschlossen, jeden möglichen Credit aus diesem jetzt firmeneigenen Rezept herauszuquetschen, baute die Gilde kurzerhand eine eigene Produktionsanlage – die Ardees-Braugesellschaft – und fing an, Abmahnungen und Unterlassungsaufforderungen an jeden Barkeeper zu schicken, der es wagte, eine eigene Version davon anzubieten. Doch die Gilde hatte Pech, denn ihr »Geheimrezept« war noch nie ein sonderlich großes Geheimnis. Mir ist bewusst, dass ich Gefahr laufe, mir ernste rechtliche Probleme einzuhandeln, indem ich meine persönliche Rezeptur für die Herstellung dieses Sirups an euch weitergebe, aber wenn die Gilde mich dafür drankriegen will, muss sie sich vorher erstmal mit jeder Menge zufriedener Kunden herumschlagen.

VORBEREITUNG: 5 MINUTEN
AUFGUSSZEIT: 4 STUNDEN
ERGIBT: 250 ML
SCHWIERIGKEIT: EINFACH

ZUTATEN

- 1 TEELÖFFEL VANILLEEXTRAKT
- 1 ZIMTSTANGE, IN KLEINE STÜCKE GEBROCHEN
- 90 G ROHRZUCKER
- 125 G KRISTALLZUCKER
- 240 ML WASSER

Alle Zutaten bei mittlerer Hitze in einem kleinen Topf miteinander vermischen. Aufkochen, bis sich der Zucker vollends aufgelöst hat. Dann mindestens 4 Stunden ruhen lassen, damit sich die Aromen entfalten können. In eine saubere Flasche seihen und bis zur Verwendung im Kühlschrank lagern. Gut gekühlt ein bis zwei Wochen haltbar.

VERWENDET BEI:
MOOGA-TEE (SEITE 143)

DAGOBAH-SCHNECKENSIRUP

Manchmal haben die süßesten Dinge die hässlichste Verpackung. In gewisser Weise bin ich dafür der lebende Beweis. Eine andere Kreatur, die für gewöhnlich schon allein aufgrund ihres Aussehens Ablehnung erfährt, ist die Dagobah-Sumpfschnecke. Natürlich ist es kein Wunder, dass ein gigantisches Weichtier mit Tausenden von Zähnen nicht unbedingt als hübscheste Spezies der Galaxis gilt. Doch was diesen schleimigen Monstern an ansprechender Optik fehlt, machen sie durch ihren Geschmack wieder wett. Denn die klebrigen Sekrete, die Sumpfschnecken hinter sich zurücklassen, sind zuckersüß, mit Spuren der duftenden Sumpfkräuter, die sie unlängst gefressen und verdaut haben. Wann immer ich eine Flasche dieses köstlichen, klebrigen Zeugs in meine Griffel bekomme, rühre ich es in Getränke oder beträufle damit Nachspeisen. Und falls gerade keine Sumpfschnecken in der Nähe sind, um meinen Sirupvorrat aufzustocken, dann weiß ich doch zumindest, wie ich mit einigen ganz alltäglichen Zutaten ein köstliches Imitat davon hinbekomme.

VORBEREITUNG: 5 MINUTEN
AUFGUSSZEIT: 5 STUNDEN
ERGIBT: 300 ML
SCHWIERIGKEIT: EINFACH

ZUTATEN

- 250 G ZUCKER
- 240 ML WASSER
- 110 G FRISCHER INGWER, GESCHÄLT UND IN 8 MM DÜNNE SCHEIBEN GESCHNITTEN
- 1 ROSMARINZWEIG (10 CM LANG)

In einem kleinen Topf bei mittlerer Hitze den Zucker und das Wasser zum Kochen bringen. Den Ingwer und den Rosmarin dazugeben und erneut zum Kochen bringen; dabei umrühren, damit sich der Zucker vollständig auflöst. Vom Herd nehmen und mindestens 5 Stunden ruhen lassen, bis der Sirup sehr kräftig schmeckt. Dann in eine saubere Flasche seihen und bis zur Verwendung im Kühlschrank lagern. Gut gekühlt ein bis zwei Wochen haltbar.

VERWENDET BEI:
DAGOBAH-SCHNECKENSCHEUCHER (SEITE 147)
PHOTONENFIZZLE (SEITE 155)

CHADIANISCHES DRESSING

Wenn man in einer Burg voller Schmuggler und Diebe die Küche leitet, lernt man schnell, sich an die unterschiedlichsten Geschmäcker anzupassen. Ihr würdet nicht glauben, wie oft ich in die Mündung eines Blasters geschaut habe, bloß weil ich ein bisschen zu viel geriebene Taurückenklaue in ein Gericht gegeben habe! Doch obwohl die Vorlieben und das Temperament meiner Gäste ziemlich variierten, waren sich zum Glück alle darin einig, dass mein Chadianisches Dressing einfach der Knaller ist. Ursprünglich habe ich diese pikante blaue Würzsoße für einen Chadra-Fan-Gangster zusammengepanscht, der sich nach ein bisschen Geschmack aus seiner Heimat sehnte, aber als ich dann so richtig begriff, wie viel Aroma in dieser einfachen Soße steckt, fing ich an, Flaschen davon auf jeden Tisch im Restaurant zu stellen. Seitdem ziehen meine Gäste ihre Blaster nur noch, wenn ihre Flasche leer ist!

ZUTATEN

60 ML WEISSWEINESSIG
120 ML LEICHTES OLIVENÖL
2 ESSLÖFFEL WASSER
1 KNOBLAUCHZEHE, FEIN GEHACKT
JE EINE PRISE SALZ UND PFEFFER
½ TEELÖFFEL GEMISCHTE GETROCKNETE KRÄUTER, Z. B. OREGANO UND MAJORAN
60 G BLAUSCHIMMELKÄSE, ZERBRÖSELT
EINIGE TROPFEN BLAUE LEBENSMITTELFARBE

VORBEREITUNG: 5 MINUTEN
ERGIBT: CA. 250 ML
SCHWIERIGKEIT: EINFACH

1. Das Essig, das Olivenöl, das Wasser und den Knoblauch in einer kleinen Schüssel vermengen.
2. Mit einem Pürierstab ca. 1 Minute durcharbeiten, bis die Mischung emulgiert.
3. Die übrigen Zutaten dazugeben und erneut pürieren, bis das Dressing schön geschmeidig ist.
4. Abdecken und bis zur Verwendung im Kühlschrank lagern. Gut gekühlt bis zu vier Tage haltbar.

VERWENDET BEI:
XIZOR-SALAT (SEITE 51)

GOLDFLECHTENWAFFEL

Manchmal verleihe ich einem Gericht gerne ein bisschen zusätzlichen Knusper, und dazu eignet sich nichts besser als ein Tuile – also eine dünne, knusprige Waffel, die gleichermaßen süß wie herzhaft sein kann. Und in all meinen Jahren als Koch habe ich keine bessere Knusperwaffel kredenzt als die hier, die mit Goldstaub aromatisiert ist. Diese seltenen Goldflechten findet man ausschließlich auf Batuu, deshalb stelle ich bei jedem Besuch in Black Spire sicher, meine Vorratsräume mit so viel von diesem Zeug zu füllen, wie ich nur finde, damit meine Gäste diese delikaten Knabbereien überall genießen können, ganz egal, wo ich bin. (An dieser Stelle ein gut gemeinter Rat: Oga verlangt exorbitante Preise für Goldflechten, deshalb solltet ihr lieber auf eigene Faust welche auftreiben!) Und obwohl ich stets einige dieser Waffeln zum Verzieren meiner »vornehmeren« Gerichte aufhebe, muss ich zugeben, dass ich manchmal einen ganzen Schwung dieser Köstlichkeiten einfach so verputze.

ZUTATEN

60 G BUTTER
60 G ZUCKER
1 TEELÖFFEL KURKUMAPULVER
½ TEELÖFFEL GERIEBENER INGWER
3 ESSLÖFFEL MEHL

VORBEREITUNG: 5 MINUTEN
ZUBEREITUNG: 5 MINUTEN
ERGIBT: 8 BIS 10 FLECHTEN
SCHWIERIGKEIT: MITTEL

1. Den Backofen auf 190° C vorheizen und ein Backblech mit Backpapier oder einer Silikonmatte auslegen.
2. In einem kleinen Topf bei mittlerer Hitze die Butter und den Zucker schmelzen.
3. Das Kurkuma und den Ingwer einrühren, dann vom Herd nehmen und das Mehl einrühren.
4. Von einem Teelöffel portionsweise auf das vorbereitete Backblech fallen lassen. Insgesamt sollten es 8 bis 10 Flechten sein, jeweils mit ca. 10 cm Abstand zueinander. Ca. 5 Minuten backen, bis die Ränder langsam braun werden.
5. Aus dem Ofen nehmen und abkühlen lassen, bis die Flechten knusprig sind. Diese feinen Waffeln verwendet man am besten noch am selben Tag, auch wenn sie in einem luftdichten Behälter bis zu zwei Tage haltbar sind.

VERWENDET BEI:
NEKTROSE-EIS (SEITE 133)

CHRISTOPHSIANISCHER ZUCKER

Wenn ihr Gefallen an Süßem findet, solltet ihr unbedingt eine Portion Christophsianischen Zucker ansetzen. Diese karamellisierte Zuckermischung wurde von den Kristallwäldern auf Christophsis inspiriert und wärmt einen von Kopf bis Fuß mit ihren subtilen Gewürz- und Zitrusaromen. Diese Mixtur ist vielseitig einsetzbar und kann jedem Gericht genau das richtige Maß an Süße verleihen. Häufig ertappe ich mich dabei, wie ich Christophsianischen Zucker wie selbstverständlich über frisch gebackenes Schrotbrot streue, mit frischem Popcorn vermische oder in einen Becher schön heißen Kaff rühre. Dieses Zeug ist fast genauso vielseitig wie meine Nerfsteak-Würze (Seite 29) und macht auch ähnlich süchtig.

ZUBEREITUNG: 15 MINUTEN
ERGIBT: CA. 220 G
SCHWIERIGKEIT: MITTEL

VERWENDET BEI:
SÜSSSANDKEKSE (SEITE 125)
MOOGA-TEE (SEITE 143)

ZUTATEN

250 G ZUCKER ZZGL. 1 TEELÖFFEL
120 ML WASSER
½ TEELÖFFEL ORANGENEXTRAKT
½ TEELÖFFEL VANILLEEXTRAKT

1. 225 g von dem Zucker, das Wasser, und das Orangenextrakt in einem kleinen Topf vermengen. Bei mittlerer Hitze ca. 10 Minuten ohne Umrühren köcheln lassen, bis die Mischung dickflüssig wird und eine bernsteingelbe Färbung annimmt.
2. Das Vanilleextrakt und den übrigen Zucker dazugeben. Kräftig umrühren, bis die Mischung trüb wird, aufquillt und wieder kristallisiert.
3. Noch einige Sekunden länger umrühren, damit die Masse besser trocknet. Dann vom Herd nehmen.
4. Den Zucker in sehr kleine Stückchen zerbröseln, so lange er noch warm ist, und in einem luftdichten Behältnis lagern.

NEKTROSE-KRISTALLE

Egal, auf welchem Planeten man geboren wurde – die meisten Spezies brauchen Wasser, um zu überleben. Allerdings ist es auf einigen Welten echt schwierig, frisches Wasser zu finden, das gut genug schmeckt, um es zu trinken. Und genau da kommen diese Babys ins Spiel! Nektrosekristalle sehen vielleicht aus wie klitzekleine Edelsteine, doch ihr Wert ist ein völlig unerwarteter – nämlich reiner Geschmack! Sie lassen sich im Handumdrehen in einem Glas Wasser auflösen, um der Flüssigkeit eine unwiderstehliche Fruchtnote zu verleihen. Ich habe schon gesehen, wie Nektrosekristalle zu Pulver zerstoßen wurden, um damit die Ränder von Cocktailgläsern zu verzieren. Und mir sind Geschichten über Soldaten zu Ohren gekommen, die sich diese Kristallbröckchen einfach so in den Mund werfen, um neue Energie zu tanken. Ich nehme an, man kann mit Fug und Recht behaupten, dass diese funkelnden Steinchen richtig kostbar sind – ganz gleich, wie man sie verwendet.

VORBEREITUNG: 5 MINUTEN
ZUBEREITUNG: 15 MINUTEN
ERGIBT: CA. 250 G
SCHWIERIGKEIT: MITTEL

VERWENDET BEI:
NEKTROSE-EIS (SEITE 133)
MIMBANESISCHE SCHLAMMRUTSCHE (SEITE 131)

ZUTATEN

250 G ZUCKER
2 ESSLÖFFEL HONIG
2 ESSLÖFFEL WASSER
½ TEELÖFFEL STEINSALZ
1 TEELÖFFEL BACKNATRON
1 ESSLÖFFEL ZITRONENSÄURE
ROTE, GELBE ODER GRÜNE GESCHMACKSMISCHUNG (SIEHE UNTEN)

GESCHMACKSMISCHUNGEN:

Rot: Lebensmittelfarbe, ½ Teelöffel Vanilleextrakt, Spritzer Bananenextrakt
Gelb: Lebensmittelfarbe, 1 Teelöffel Balsamico-Essig, Spritzer Erdbeerextrakt
Grün: Lebensmittelfarbe, ½ Teelöffel gemahlener Kardamom, Spritzer Orangenextrakt

1. Ein Backblech mit hohem Rand mit Backpapier oder einer Silikonmatte auslegen.
2. In einer mittelgroßen Schüssel bei mittlerer Hitze den Zucker, den Honig, das Wasser und das Salz vermengen. Ohne umzurühren kochen lassen, bis die Mischung einem Zuckerthermometer zufolge eine Temperatur von 150° C aufweist.
3. Während die Mischung kocht, in einer kleinen Schüssel das Backnatron und die Zitronensäure miteinander vermengen.
4. Sobald die Zuckerlösung die gewünschte Temperatur fast erreicht hat, könnt ihr die Geschmacksmischung von der Liste unten einrühren, die euch am meisten zusagt.
5. Erreicht die Temperatur schließlich 150° C, vom Herd nehmen und rasch die Backnatron-Zitronensäure-Mixtur einquirlen. Daraufhin dehnt sich die Mischung aus und blubbert heftig. Gerade lange genug verquirlen, damit sich alles miteinander verbindet, dann sofort auf das vorbereitete Backblech gießen.
6. Ca. 1 Stunde vollends abkühlen lassen bzw. so lange, bis die Zuckermasse spröde und brüchig wird.
7. Die Kristalle in kleinere Stückchen brechen, die man entweder so naschen kann, um das brausepulverartige Gefühl auf der Zunge zu genießen, oder mit einer Küchenmaschine zu einem nicht zu feinen Pulver verarbeitet.
8. Um eine Getränkemischung herzustellen, zu einem feinen Pulver verarbeiten. Dann jeweils 1 Esslöffel Kristallstaub mit 240 ml Wasser vermengen. Außerdem kann man mit dem Pulver auch den Rand eines Cocktailglases verzieren.

BEILAGEN, VORSPEISEN + SNACKS

Mittlerweile kommt ihr vielleicht mit Soßen und Garnierungen klar, aber ihr habt trotzdem noch eine Menge zu lernen, meine Kulinarik-Padawans! Bevor ihr anfangt, einen Shaak-Braten zu schmoren (Seite 95) oder eine Ballonsau zu füllen (Seite 107), solltet ihr eure Fähigkeiten unbedingt zunächst an einigen weniger komplexen Leckerchen unter Beweis stellen. Wie Maz immer sagte: Die Größe kann täuschen. Denn auch wenn die folgenden, großartigen Speisen vielleicht auf kleineren Tellern serviert werden, steckt in jedem köstlichen Bissen eine ganze Galaxis an Aromen!

Ob ihr's glaubt oder nicht, damals auf Takodana gehörten diese Gerichte zu denen, die am häufigsten bestellt wurden, und das nicht bloß, weil die Burggäste zu geizig waren, ihre sauer verdienten Credits für eine ordentliche Portion geräucherter Kaadurippchen auszugeben. Tatsache ist: Normalerweise sind Leute mit Abenteuerlust scharf auf exotische Geschmäcker. Darum habe ich ganz bewusst herzhafte Appetithäppchen wie diese hier kredenzt, um ihnen eine breite Palette außergewöhnlicher, aufregender neuer Aromen zu präsentieren, ohne dabei zu riskieren, dass sie sich den Bauch zu voll stopfen oder ihre finanziellen Mittel überstrapazieren.

Obwohl die meisten der hier vorgestellten kleinen Gerichte für sich allein stehen können, eignen sich andere ganz hervorragend, um zusammen mit einem Hauptgang serviert zu werden. Auf den ersten Blick mag das wie Völlerei wirken, doch bislang hat sich noch kein Einziger meiner Gäste darüber beschwert, zu seinen Frittierten endorianischen Tip-Yips (Seite 97) einen ansehnlichen Berg Brutzelfritten (Seite 57) gereicht zu bekommen.

Letztlich ist es mir eigentlich völlig schnurz, ob ihr diese appetitlichen Bissen vor dem Hauptgang, zusammen mit dem Hauptgang oder anstelle des Hauptgangs esst. Ich will bloß, dass sie euch schmecken.

KATS KESSELPOPCORN

Wenn ich meine Credits bei Kat Sakas Kessel auf Batuu ausgebe, kaufe ich normalerweise Körner, die schon aufgepoppt und perfekt gewürzt sind. Manchmal erwerbe ich aber auch die Erbdräusaat der Saka-Familie, aus der Kat ihr Popcorn macht, um sie als Zutat in meinen eigenen Gerichten zu verwenden. Wann immer ich etwas bestelle, achte ich außerdem darauf, dass auch ein Sack ungepoppte Maiskörner dabei ist. Auf diese Weise habe ich immer welche griffbereit, wenn ich an einem Außenposten auf der anderen Seite des Rims angedockt habe und Heißhunger auf Kats berühmten Snack bekomme, und kann mir dann selbst Kesselpopcorn machen. Sobald die Körner aufgepoppt und schön fluffig sind, kann man sie praktisch mit allem würzen, sei es nun Saka-Salz (Seite 29) oder meine eigene Nerfsteak-Würze (Seite 29). Und falls ihr gerade keine besondere Würzung zur Hand habt, ist das auch kein Problem, denn qualitativ hochwertige Körner wie diese kann man auch ganz einfach pur essen, ohne alles.

ZUTATEN

60 ML PFLANZENÖL

EINIGE TROPFEN GELBE LEBENSMITTELFARBE

80 G ZUCKER

80 G POPCORNKÖRNER

1 TEELÖFFEL SAKA-SALZ (SEITE 29)

VORBEREITUNG: 5 MINUTEN

ZUBEREITUNG: 15 MINUTEN

ERGIBT: UNTERSCHIEDLICH

SCHWIERIGKEIT: MITTEL

1. Das Öl und die Lebensmittelfarbe in einen mittelgroßen Topf mit Deckel geben und bei mittlerer bis großer Hitze auf den Herd stellen. Den Zucker und die Popcornkörner hinzufügen, den Deckel daraufsetzen und den Topf ein paar Mal gut durchschütteln.
2. Den Topf einige Minuten lang auf dem Herd lassen, bis das Popcorn zu ploppen beginnt. Wenn es soweit ist, den Topf regelmäßig so lange vor- und zurückschieben, bis die aufgepoppten Körner den Topfboden vollständig bedecken. Dann vom Herd nehmen und weiter durchschütteln, um das Popcorn gleichmäßig mit dem süßen Überzug zu umhüllen.
3. Sobald das Ploppen größtenteils aufgehört hat, das Popcorn in eine große Schüssel füllen. Mit dem Saka-Salz bestreuen; das Popcorn dabei regelmäßig durcheinanderwerfen, um so dafür zu sorgen, dass alles gleichmäßig mit Salz und Überzug umhüllt ist. Am besten noch am selben Tag genießen.

STOLZ DES GRILLMEISTERS

Bakkar der Schlachter heimst zwar das ganze Lob für das köstliche Fleisch ein, das in der Ronto-Braterei »Ronto Roasters« serviert wird, doch eigentlich gebührt diese Ehre 8D-J8, dem Grillmeister. Dieser ehemalige Schmelzer-Droide wurde dazu entwickelt, mit großer Hitze umzugehen – und das ist gut so, denn 8D-J8 kommt niemals aus der verfluchten Küche raus! Wenn er nicht gerade rund um die Uhr diese Rontokeulen am Spieß dreht, hat er alle Hände voll damit zu tun, andere Fleischspezialitäten für die Gäste zuzubereiten, einschließlich des Rauchfleischs, das aus den schmalen Fleischstreifen hergestellt wird, die rings um seine Bratgrube hängen. Und ganz gleich, ob es sich dabei um Nunapute oder um Luggabiest handelt – das Rauchfleisch des Grillmeisters ist immer grandios! Dummerweise haben die meisten von uns kein umgebautes Podrenner-Triebwerk zur Hand, um selbst welches zu brutzeln, aber diese herzhaften Häppchen sollten eigentlich dabei helfen, euch zwischen euren Abstechern nach Black Spire bei Laune zu halten.

ZUTATEN

- 500 G SCHWEINEHACKFLEISCH
- 1 ESSLÖFFEL DUNKLE SOJASOSSE
- ½ TEELÖFFEL SESAMÖL
- PRISE CHINESISCHES FÜNF-GEWÜRZE-PULVER
- PRISE SALZ
- 125 G ZUCKER

VORBEREITUNG: 5 MINUTEN
KÜHLZEIT: 8 STUNDEN ODER ÜBER NACHT
ZUBEREITUNG: 30 MINUTEN
ERGIBT: CA. 500 G
SCHWIERIGKEIT: EINFACH

1. Alle Zutaten in einer großen Schüssel miteinander vermischen und mit einem Löffel umrühren oder mit der Hand vermischen, bis alles gleichmäßig vermengt ist. Abdecken und für mind. 8 Stunden in den Kühlschrank stellen, am besten aber über Nacht.
2. Den Backofen auf 120° C vorheizen und ein Backblech mit hohem Rand mit Backpapier oder einer Silikonmatte auslegen. Das Schweinehack in einer 6 mm dünnen Schicht gleichmäßig darauf verteilen.
3. Ca. 15 Minuten im Ofen backen, dann wenden und nochmals 15 Minuten backen. Alles überschüssige Fett abgießen.
4. Die Grillfunktion des Ofens einschalten. Das Fleisch in ungefähre Quadrate schneiden, auf ein Abkühlgitter legen und dieses auf das Backblech stellen. Das Blech unter den Grill schieben und mehrere Minuten von jeder Seite braten, bis das Fleisch braun und knusprig ist.
5. In einem luftdichten Behältnis lagern. Im Kühlschrank bis zu einer Woche haltbar.

HUDALLA-RINGE

Der Planet Hudalla ist ein monströser Gasriese, der von einigen der größten Ringe in der Galaxis umgeben ist. Ein wahrhaft beeindruckender Anblick – allerdings bei Weitem nicht so eindrucksvoll wie dieser üppige Snack desselben Namens. Natürlich bin ich mir im Klaren, dass das hier nicht das erste Mal ist, dass jemand eine Zwiebel in Scheiben geschnitten, sie mit etwas Leckerem mariniert und dann zu einem Sandwich serviert hat. Doch diese Zwiebelringe haben etwas Besonderes, das sie von anderen unterscheidet: Anstelle einer herkömmlichen Panade verwenden wir Ballonsauspeck! Ihr habt richtig gehört: Jeder einzelne Zwiebelring ist mit saftigen Fleischstreifen umwickelt, um dem Ganzen einen so gewaltigen Geschmack zu verleihen, dass jeder Gasriese dagegen wie ein Roter Zwerg wirkt. Und das ist noch nicht alles! Denn außerdem ist der Speck auch noch mit einer Mischung aus Zucker und Gewürzen überzogen, die beim Backen der Ringe karamellisiert! Der echte Hudalla mag vielleicht ein Hingucker sein, aber glaubt mir, wenn ich euch sage, dass diese Ringe der *wahre* Knaller sind!

ZUTATEN

2 GROSSE SPEISEZWIEBELN, GEPELLT UND IN CA. 1,2 CM DICKE RINGE GESCHNITTEN
2 ESSLÖFFEL SCHARFE SOSSE
180 G ROHRZUCKER
½ TEELÖFFEL GARAM MASALA
500 G SPECK, IN SCHEIBEN

VORBEREITUNG: 15 MINUTEN
ZUBEREITUNG: 30 MINUTEN
ERGIBT: UNTERSCHIEDLICH
SCHWIERIGKEIT: MITTEL

1. Den Backofen auf 200° C vorheizen. Ein Backblech mit Alufolie auslegen, um alles Abtropfende aufzufangen, und ein Abkühlgitter daraufstellen.
2. Die in Scheiben geschnittenen Zwiebeln so auseinandernehmen, dass ihr immer zwei Ringe in derselben Größe habt, die ineinander stecken – das verleiht dem Ganzen beim Garen eine gewisse Stabilität. Mit den größten Ringen beginnen und dann immer kleiner werden. Jedes Zwiebelringpaar mit etwas scharfer Soße bepinseln.
3. In einer kleinen Schüssel den Rohrzucker und das Garam Masala miteinander vermengen, dann jede Scheibe Speck in die Zuckermischung tauchen.
4. Jede Zwiebel mit einer oder mehreren Scheiben des gezuckerten Specks umwickeln; dabei darauf achten, dass der Speck sich nicht überlappt und dennoch den Großteil der Zwiebel bedeckt. Jeden Speck-Zwiebel-Ring auf das Abkühlgitter auf dem vorbereiteten Backblech legen.
5. Ca. 30 Minuten garen, bis der Speck zwar kross ist, die Zwiebelringe aber immer noch in Form sind. Wenn ihr euren Speck noch knuspriger haben wollt, das Backblech ganz kurz unter den Grill des Ofens schieben. Am besten warm genießen. Aber seid vorsichtig – wenn die Hudalla-Ringe frisch aus der Röhre kommen, sind sie sehr heiß!

GEBRATENE KAJAKAWURZEL

Für einige mag eine einfache Wurzel wie die Kajaka nicht viel mehr sein als eine weitere langweilige Beilage. Doch zum Glück braucht man bloß eine Prise Phantasie und einen Spritzer Können, um diese Knolle in etwas wesentlich Interessanteres zu verwandeln! Die Kajaka ist viel aromatischer als die meisten ihrer nichtssagenden Wurzelgemüse-Vettern und bietet ein perfektes Gleichgewicht aus süß und herzhaft, weshalb sie als Snack oder Vorspeise serviert werden kann. Ihr überraschend gefälliger Geschmack hat sie einst, vor dem Untergang der Republik, zu einer Leibspeise des legendären Jedi-Ordens gemacht. Wer möchte, kann die Kajaka frittieren, aber sofern man dafür kein gutes trooganisches Öl verwendet, macht man die natürlichen Aromen der Wurzel zunichte. Deshalb empfehle ich, die Kajaka entweder am Spieß zu braten oder in Scheiben zu schneiden und mit etwas schönem Moofmilchjoghurt zu krönen – das bringt die subtile Süße, die dieses Gemüse so besonders macht, richtig zur Geltung!

ZUTATEN

2 MITTELGROSSE SÜSSKARTOFFELN, GESCHÄLT

1 ESSLÖFFEL BUTTER, GESCHMOLZEN

120 G NATURJOGHURT

60 G ERDNUSSBUTTER

2 ESSLÖFFEL HONIG

2 TEELÖFFEL GEMAHLENER ZIMT

VERSCHIEDENE TOPPINGS, Z. B. NÜSSE, KNUSPERMÜSLI, TROCKENFRÜCHTE, SCHOKOLADENCHIPS

VORBEREITUNG: 5 MINUTEN
ZUBEREITUNG: 15 MINUTEN
ERGIBT: 2 BIS 4 PORTIONEN
SCHWIERIGKEIT: EINFACH

1. Den Backofen auf 200° C vorheizen und ein Backblech mit Backpapier auslegen.
2. Die Süßkartoffeln in ca. 6 mm dicke Scheiben schneiden und auf das Backblech legen.
3. Leicht mit Butter bepinseln, dann ca. 15 bis 20 Minuten backen, bis die Süßkartoffeln gabelzart sind. Ca. 5 Minuten abkühlen lassen.
4. Während die Süßkartoffeln backen, den Joghurt, die Erdnussbutter, den Honig und den Zimt in einer kleinen Schüssel vermengen.
5. Gleichmäßig auf den Süßkartoffelscheiben verteilen, dann zum Servieren mit einem Topping eurer Wahl bestreuen. Warm oder kalt genießen.

XIZOR-SALAT

Die meisten Leute würden mir vermutlich darin zustimmen, dass ich nicht unbedingt wie ein Salat-Typ aussehe. Dabei ist es gar nicht so, dass ich frisches Gemüse nicht mag. Doch zufällig weiß ich, wie man dieses Zeug am besten serviert – nämlich zusammen mit einem riesigen Haufen gebratenem Fleisch! Allerdings habe ich mittlerweile erkannt, dass nicht jeder meinen zügellosen Appetit und meine »fleischlichen Gelüste« teilt. Für jene, die ihr Essen gern ein bisschen leichter und gesünder mögen, ist dieser schlichte, erfrischende Salat genau das Richtige! Gerüchten zufolge verdankt er seinen merkwürdigen Namen einem Falleen-Prinzen, der irgendwie zum Verbrecherboss avanciert ist, doch ich bin mir ziemlich sicher, das ist bloß eine Legende. Unbestritten hingegen ist, dass der knusprige Kopfbergsalat und die Sprossen einfach göttlich schmecken, wenn man sie mit meinem Chadianischen Dressing (Seite 35) beträufelt. Die frisch gebackenen Käsechips indes sind die Geheimwaffe dieses Rezepts, um dem Salat einen unerwarteten, salzig-würzigen Biss zu verleihen. Natürlich könnt ihr auch noch ein bisschen zerbröselten Speck hinzufügen, um euren Hunger nach Fleisch im Zaum zu halten – zumindest bis zum Hauptgang!

ZUTATEN

VORBEREITUNG: 10 MINUTEN
ZUBEREITUNG: 10 MINUTEN
ERGIBT: 1 BIS 2 PORTIONEN
SCHWIERIGKEIT: MITTEL

KÄSECHIPS:

- 45 G GERIEBENER PARMESANKÄSE
- ¼ TEELÖFFEL PFEFFER

SALAT:

- ½ KOPF EISBERGSALAT, IN KLEINE STÜCKE GEZUPFT
- 50 G ERBSENSPROSSEN
- 50 G FRÜHSTÜCKSSPECK, GEBRATEN UND ZERBRÖSELT
- CHADIANISCHES DRESSING (SEITE 35)

1. Die Käsechips zubereiten: Den Backofen auf 200° C vorheizen und ein Backblech mit Backpapier oder einer Silikonmatte auslegen.
2. Kleine Käsehäufchen auf das Backblech geben (jeweils ca. 1 Esslöffel) und etwas flachdrücken; dabei ein bisschen Platz zwischen den einzelnen Chips lassen.
3. Jeweils mit ein wenig gemahlenem Pfeffer bestreuen, dann ca. 5 bis 10 Minuten backen, bis sie goldbraun und knusprig sind. Aus dem Ofen nehmen und auf dem Backblech abkühlen lassen.
4. Den Salat zubereiten: Während die Käsechips im Ofen sind, den Eisbergsalat, die Sprossen und den zerbröselten Speck in einer großen Schüssel mit dem Chadianischen Dressing vermischen, bis alles gleichmäßig davon überzogen ist.
5. In Servierschüsseln geben und mit den Käsechips krönen. Sofort genießen.

GESCHMORTE CHANDO-PAPRIKA

Aus unerfindlichen Gründen erwarten viele Leute, wenn sie an Paprika denken, sie wäre pikant oder zumindest herzhaft. Dabei besitzen einige Paprikasorten eine natürliche Süße, die einem eine ganz neue Welt kulinarischer Möglichkeiten eröffnet! Eine besonders süße Variante, die sogenannte Chando-Paprika, wächst auf Chandrila. Dank der Hyperraumhandelsrouten findet man frische Chandos mittlerweile an jedem Marktstand im gesamten Outer Rim. Man kann sie roh essen, auf den Grill werfen, um ihr eine schöne Rauchnote zu verpassen, oder man verwendet sie in Suppen und Eintöpfen. Ja, damals auf Takodana habe ich aus diesen geschmackvollen orangefarbenen Schönheiten sogar mal ein feines Gelee gekocht. Dabei muss ein so kräftiger, klarer Geschmack wie der der Chando-Paprika eigentlich nicht durch irgendwelche ausgefallenen Zubereitungsmethoden noch künstlich aufgepeppt werden. Deshalb belasse ich es inzwischen dabei, meine Chandos bloß etwas anzuschmoren und sie als Beilage zu einem anderen Gericht zu servieren, das dringend noch einen Extra-Aromakick braucht.

ZUTATEN

- 2 ORANGE PAPRIKA, HALBIERT UND ENTSAMT
- 2 ESSLÖFFEL WEISSWEINESSIG
- SPRITZER ZITRONENSAFT
- 2 ESSLÖFFEL OLIVENÖL
- 1 ESSLÖFFEL HONIG
- ½ TEELÖFFEL GETROCKNETER SALBEI
- PRISE PFEFFER
- 1 ESSLÖFFEL KAPERN, ABGETROPFT

VORBEREITUNG: 5 MINUTEN
ZUBEREITUNG: 45 MINUTEN
ERGIBT: 4 PORTIONEN
SCHWIERIGKEIT: EINFACH

1. Den Backofen auf 190° C vorheizen. Die Paprika auf ein Backblech geben und ca. 35 Minuten rösten bzw. so lange, bis die Paprika zwar weich, aber noch nicht matschig sind. Dann die Haut abpellen und das Paprikafleisch in lange, dünne Streifen schneiden.
2. In einer mittelgroßen Sauteuse oder einer Bratpfanne den Essig, den Zitronensaft, das Olivenöl, den Honig, den Salbei und den Pfeffer miteinander vermengen.
3. Die Paprikastreifen dazugeben und bei niedriger bis mittlerer Hitze ca. 10 Minuten köcheln lassen bzw. so lange, bis die Paprika schön weich und duftig ist.
4. Die Kapern einstreuen und nochmals ca. 1 Minute köcheln lassen.
5. Auf einen Servierteller geben und warm genießen.

MOOSCHIPS

Seid ihr auf der Suche nach einem einfachen Snack mit jeder Menge Geschmack, der euch nicht gleich wieder ein paar Extrakilos auf die Hüften zaubert? Dann solltet ihr es mal mit einer ordentlichen Handvoll Mooschips versuchen! Eigentlich war Moos überhaupt nicht mein Ding, bis mir ein paar Leute, die auf Yavin 4 campten, einige dieser knusprigen »Waffeln« anboten, die sie zubereitet hatten. Diese Chips stecken voller grüner Großartigkeit und halten euer Verdauungssystem davon ab, zu rebellieren, nachdem ihr einige der üppigeren Gerichte verspachtelt habt, die ihr auf diesen Seiten findet. Klar, das Ganze ist rein vegetarisch. Doch es hat seine Gründe, dass Chips wie diese auf nahezu jedem Planeten, auf dem ich jemals war, praktisch zu den Grundnahrungsmitteln gehören: Sie sind nicht einfach bloß gut – sie sind *gut für euch!* Und keine Sorge, falls bei euch in der Nähe nirgends essbares Moos wächst: Auf meinen Reisen habe ich etliche Chips-Varianten entdeckt, einschließlich dieses Rezepts von Dantooine, bei dem statt Moos ein anderes Grünzeug zum Einsatz kommt, ohne dass es dem Geschmack schadet – ganz im Gegenteil, möchte ich meinen.

ZUTATEN

3 BIS 4 GROSSE BLÄTTER WIRSINGKOHL
1 ESSLÖFFEL HONIG
2 ESSLÖFFEL OLIVENÖL
2 TEELÖFFEL WEISSE MISOPASTE
½ TEELÖFFEL GERIEBENER INGWER
SPRITZER KOCHENDES WASSER

VORBEREITUNG: 5 MINUTEN
ZUBEREITUNG: 45 MINUTEN
ERGIBT: UNTERSCHIEDLICH
SCHWIERIGKEIT: EINFACH

1. Den Backofen auf 95° C vorheizen und ein Backblech mit Backpapier oder einer Silikonmatte auslegen.
2. Den Grünkohl in mundgerechte Stückchen zupfen und die dicken Stiele entsorgen. In einer mittelgroßen Rührschüssel den Honig, das Olivenöl, die Misopaste, den Ingwer und das kochende Wasser miteinander verquirlen, dann die Grünkohlstücke in die Mischung geben und alles gut durcheinanderwerfen.
3. Den Grünkohl auf das Backblech legen; dabei behutsam allen Überschuss abschütteln, sodass die Blätter nicht zu feucht sind. Ca. 45 Minuten backen, bis die Grünkohlchips schön kross und trocken sind.
4. Aus dem Ofen nehmen und vor dem Verzehr etwas abkühlen lassen. Am besten noch am selben Tag genießen.

BRUTZELFRITTEN

Obwohl ich mich redlich bemühe, hin und wieder auch ein wirklich gesundes Essen zuzubereiten, hatte ich schon immer eine Schwäche für Frittiertes. Es gibt nichts, das ich lieber neben einem Sandwich sehe, als einen Berg dieser knusprigen kleinen Burschen. Mein alter Kumpel Freerago hatte früher einen Satelliten-Imbiss im Orbit von Hosnian Prime. Um ehrlich zu sein, war die Frangella-Pastete, die dort serviert wurde, allenfalls passabel. Doch irgendwie ist es Freeragos Küchendroiden gelungen, die besten Brutzelfritten in der ganzen Galaxis auf den Teller zu zaubern. Tunkt man sie dazu auch noch in etwas Emul-Soße (Seite 31), erwartet euch ein echter Leckerbissen! Zwar kann man angesichts des Umstands, dass das Hosnian-System unlängst von der Ersten Ordnung ausgelöscht wurde, mit ziemlicher Sicherheit davon ausgehen, dass der arme Freerago, na ja, dauerhaft aus dem Geschäft ist, aber so gutes Essen wie das hier verschwindet niemals wirklich!

ZUTATEN

40 G KLEINE TAPIOKAPERLEN
60 G NATURJOGHURT
60 ML WARMES WASSER
20 G GERIEBENER PARMESANKÄSE
PRISE CAYENNEPFEFFER
75 G REISMEHL
ÖL ZUM FRITTIEREN, Z. B. RAPSÖL

VORBEREITUNG: 15 MINUTEN
EINWEICHZEIT: 15 MINUTEN
ZUBEREITUNG: 15 MINUTEN
ERGIBT: UNTERSCHIEDLICH
SCHWIERIGKEIT: MITTEL

1. Die Tapiokaperlen für ca. 15 Minuten in einer mittelgroßen Rührschüssel in dem Joghurt und dem warmen Wasser einweichen.
2. Den Parmesankäse, den Cayennepfeffer und das Reismehl dazugeben und umrühren, bis alles gründlich miteinander vermengt ist.
3. In einen Spritzbeutel mit großer Sterntülle oder einer regulären Rundtülle geben.
4. Ca. 2 Fingerbreit Öl in einen kleinen Topf geben und bei mittlerer Hitze auf den Herd stellen.
5. Sobald das Öl heiß ist, mit dem Spritzbeutel kleine Teigwürstchen in das Öl drücken. Die Teigwürstchen goldbraun frittieren; dabei gelegentlich wenden. Den ganzen Schwung zu verarbeiten dürfte ca. 15 Minuten dauern. Die Teigwürstchen dann zum Abtropfen auf einen mit Küchenpapier ausgelegten Teller geben.

FRITTIERTE MON CALA-SARDINEN

Vor einer ganzen Weile habe ich mal eine Partie Dejarik um hohe Einsätze gegen einen besonders nervigen Clawditen gewonnen. Im ersten Moment wusste ich ehrlich gestanden nicht so recht, was ich mit meinem Gewinn anfangen sollte: Es war eine VIP-Karte für das Moncaladrom, wo eine Oper des Faluvianischen Zirkels aufgeführt wurde. Wie ihr euch vermutlich denken könnt, bin ich nicht unbedingt der Schickeria-Typ, weshalb es für mich schon hart war, den 1. Akt über wach zu bleiben. In der Pause zahlte sich meine »Geduld« aber mehr als aus, als ich eins der besten Canapés in die Finger bekam, das jemals den Weg auf ein Serviertablett gefunden hat. Dieses salzige Fischküchlein schickte meine Geschmacksknospen auf eine Reise, die sogar noch epischer war als die geschlagene fünf Stunden dauernde Sing-und-Tanz-Nummer auf der Bühne. Und jetzt, wo ich weiß, wie ich sie selbst zubereiten kann, muss ich mich nicht mal mehr in einen schicken Anzug quetschen, um sie zu genießen!

ZUTATEN

- ÖL ZUM FRITTIEREN, Z. B. RAPSÖL
- 300 G SARDINEN (AUS DER DOSE), ABGETROPFT
- 1 EI
- 1 NORIBLATT, ZERBRÖSELT
- KLEINER SPRITZER FRISCHER LIMONENSAFT
- 1 ESSLÖFFEL SESAMSAAT
- PRISE CAYENNEPFEFFER
- 80 G PANKO-PANIERMEHL
- SALZ
- PFEFFER

VORBEREITUNG: 5 MINUTEN
ZUBEREITUNG: 15 MINUTEN
ERGIBT: CA. 20 BÄLLCHEN
SCHWIERIGKEIT: EINFACH

1. Die Sardinen mit zwei Gabeln in einer mittelgroßen Schüssel zu einem gleichmäßigen Brei zermatschen.
2. Das Ei, die Noribrösel, den Limonensaft, die Sesamsaat und den Cayennepfeffer dazugeben und nach Belieben mit Salz und Pfeffer würzen.
3. Das Paniermehl hinzufügen, bis die Mischung weder zu feucht noch zu trocken ist, sondern sich leicht von Hand formen lässt. Zu Bällchen mit einem Durchmesser von ca. 2,5 cm formen.
4. Ca. 1 Fingerbreit Öl in einen kleinen Topf füllen und bei mittlerer Hitze auf den Herd stellen.
5. Die Bällchen portionsweise in das heiße Öl geben; dabei darauf achten, dass nicht zu viele auf einmal im Topf sind. Die Bällchen gelegentlich wenden, bis sie von allen Seiten goldbraun sind (ca. 5 Minuten insgesamt).
6. Auf einen mit Küchenpapier ausgelegten Teller geben und das Ganze wiederholen, bis alle Bällchen frittiert sind.

DEVARONIANISCHES SOUFFLÉ

Die meisten Köche haben ständig Angst, dass ihr Soufflé in sich zusammenfällt, aber das ist noch gar nichts verglichen mit der Gefahr, der sich die Devaronianer bei der Zubereitung dieses klassischen Gerichts aussetzen! Damals, in meinen Anfangstagen in Maz' Burg, veranstaltete ich so eine Art Kochwettbewerb, um die Lücke im Personal zu schließen, die das unerwartete Hinscheiden meines Souschefs Robbs Ely hinterlassen hatte. Eine der Bewerberinnen, eine devaronianische Küchenhilfe namens Sama Macoy, rührte dabei voller Elan dieses würzige Soufflé an – doch genau dieser Elan hat sie um den Job gebracht. Denn ihr müsst wissen: Wenn der Teig für diese delikate Köstlichkeit nicht mit genau der richtigen Geschwindigkeit geschlagen wird, explodiert einem das Ganze geradewegs ins Gesicht! Belassen wir es dabei, zu sagen, dass Sama sich mit einem ziemlichen Knall verabschiedet hat. Ich hoffe, mittlerweile geht's ihr wieder besser.

ZUTATEN

- BUTTER ZUM EINFETTEN
- 3 ESSLÖFFEL ZUCKER SOWIE NOCH ETWAS MEHR ZUM BESTÄUBEN
- 4 GROSSE EIER, GETRENNT, BEI ZIMMERTEMPERATUR
- PRISE SALZ
- 60 G FRISCHKÄSE, AUFGEWEICHT
- 110 G ZERBRÖSELTER ZIEGENKÄSE
- SAFT UND ZESTE VON 1 ZITRONE
- ½ TEELÖFFEL PAPRIKAPULVER

VORBEREITUNG: 15 MINUTEN
ZUBEREITUNG: 15 MINUTEN
ERGIBT: 4 PORTIONEN
SCHWIERIGKEIT: MITTEL

1. Den Backofen auf 200° C vorheizen. Vier Auflaufförmchen mit einem Fassungsvermögen von ca. 120 ml leicht mit Butter einfetten, mit etwas Zucker bestreuen und beiseitestellen.
2. In einer mittelgroßen Schüssel mit einem Schneebesen oder einem Elektromixer mit hoher Geschwindigkeit das Eiweiß und das Salz zusammen schlagen, bis sich weiche Spitzen bilden. Währenddessen nach und nach die 3 Esslöffel Zucker einarbeiten und beständig weiter schlagen, bis die Mischung schön glänzt und steife Spitzen formt. Beiseitestellen.
3. In einer großen Schüssel das Eigelb, den Frischkäse, den Ziegenkäse, den Zitronensaft, die Zitronenzeste und das Paprikapulver miteinander vermengen und so lange schlagen, bis die Mischung goldgelb und dickflüssig ist.
4. Ein Drittel der geschlagenen Eiweißmixtur in die Schüssel mit dem Eigelb geben und behutsam einarbeiten. Dann vorsichtig die übrige Eiweißmischung unterheben. Den Boden der Schüssel abkratzen, dabei aber darauf achten, es nicht zu übertreiben, da das Ganze sonst in sich zusammenfällt.
5. Die Mischung gleichmäßig auf die vier vorbereiteten Auflaufförmchen verteilen und auf ein Backblech stellen. Nicht länger als ca. 15 Minuten backen, damit die Soufflés in der Mitte immer noch ein bisschen wabbelig sind.
6. Aus dem Ofen nehmen und sofort servieren. Aber Vorsicht: Die Auflaufförmchen sind heiß!

FRITTIERTE ZUCHII

Ist euer Devaronianisches Soufflé (Seite 59) unerwartet explodiert, sodass ihr jetzt in letzter Minute einen Ersatz braucht, der genauso köstlich und leicht zuzubereiten ist? Dann sind die Frittierten Zuchii vermutlich genau das Gericht, nach dem ihr sucht! Damals auf Takodana habe ich dieses süße, saftige Gemüse selbst in meinem Garten angebaut. Dieses spezielle Rezept ist so schlicht, wie es nur geht – etwas frische, panierte Zuchii, kurz frittiert und mit einer herzhaften Soße zum Dippen serviert. Das genügt. Denn bloß, weil etwas einfach zu kochen ist, heißt das nicht, dass es nicht wirklich lecker sein kann; im Gegenteil! Diese knusprigen frittierten Zuchii sind der ideale Auftakt zu jeder Mahlzeit und beeindrucken jeden Gast. Dank dieses Rezepts kommt selbst der blutigste Kochanfänger so rüber, als hätte er sein Handwerk beim großen Jlibbous von Zenn-La persönlich erlernt!

ZUTATEN

- ÖL ZUM FRITTIEREN, Z. B. RAPSÖL
- 120 G PANKO-PANIERMEHL
- 220 G GERIEBENER PARMESANKÄSE
- JE EINE PRISE SALZ UND PFEFFER
- 45 G MEHL
- 1 EI, AUFGESCHLAGEN
- 1 ESSLÖFFEL BUTTERMILCH
- 2 MITTELGROSSE ZUCCHINI, IN 10 CM LANGE STÄBCHEN GESCHNITTEN

VORBEREITUNG: 15 MINUTEN
ZUBEREITUNG: 15 MINUTEN
ERGIBT: UNTERSCHIEDLICH
SCHWIERIGKEIT: MITTEL

1. Ca. 2 Fingerbreit Öl in einen mittelgroßen Topf füllen. Bei mittlerer Hitze auf den Herd stellen und auf 180° C erwärmen. Einen Teller mit Küchenpapier auslegen.
2. Das Paniermehl, den Parmesankäse, das Salz und den Pfeffer in einer kleinen Schüssel vermengen. Das Mehl in eine zweite kleine Schüssel geben. Das aufgeschlagene Ei und die Buttermilch kommen in eine dritte Schüssel.
3. Die Zucchinistäbchen eins nach dem anderen erst ins Mehl, danach ins Ei und zu guter Letzt in die Paniermehlmischung tauchen.
4. Die panierten Stäbchen vorsichtig in das heiße Öl geben und einige Minuten unter gelegentlichem Wenden frittieren, bis sie von allen Seiten dunkelbraun sind.
5. Die Stäbchen zum Abtropfen auf den vorbereiteten Teller geben.

GEFÜLLTE PIKOBI-EIER

Pikobi sind winzige, echsenartige Kreaturen, die für meinen Geschmack ein bisschen zu sehr nach Wild schmecken, doch ihre Eier sind zweifellos eine echte Delikatesse. Ich persönlich mag meine Pikobi-Eier am liebsten leicht arrosiert und gewürzt, als Beilage zu einem ordentlichen Stück frisch gegrilltem Dianoga-Rückensteak. Leider ist es wegen der ganzen Blutparasiten, die im Fettgewebe dieser Tiere hausen, für den Durchschnittskoch ein bisschen zu knifflig, Dianogas zuzubereiten. Zum Glück sind Pikobi-Eier aber auch für sich allein genommen ein Geschmackshammer und können auf die unterschiedlichsten Arten serviert werden, beispielsweise als Rührei oder scharf gewürzt. Und keine Sorge, falls es auf eurer Welt keine Pikobi gibt: Dieses Rezept funktioniert auch ganz hervorragend mit so ziemlich jeder anderen Eiersorte!

ZUTATEN

- 8 EIER
- 80 ML EMUL-SOSSE (SEITE 31) ODER MAYONNAISE
- 1 ESSLÖFFEL WEISSE MISOPASTE
- ½ TEELÖFFEL GERÖSTETES SESAMÖL
- 1 TEELÖFFEL SRIRACHA-SOSSE
- SCHWARZE SESAMSAAT, ALS GARNITUR
- ALAEA-SALZ, ALS GARNITUR

VORBEREITUNG: 10 MINUTEN
ZUBEREITUNG: 15 MINUTEN
ERGIBT: 16 PORTIONEN
SCHWIERIGKEIT: MITTEL

1. Die Eier in eine mittelgroße Schüssel geben und mit Wasser bedecken. Bei mittlerer bis großer Hitze auf den Herd stellen und zum Kochen bringen. Dann vom Herd nehmen und 10 Minuten ruhen lassen.
2. Die Eier unter fließendem kaltem Wasser abschrecken, bis sie soweit abgekühlt sind, dass man sie weiterverarbeiten kann. Jedes Ei abpellen, dann der Länge nach in zwei Hälften schneiden. Das Eigelb aus dem Ei lösen und in eine kleine Schüssel geben; das Eiweiß auf einen Servierteller legen.
3. Die Emul-Soße oder etwas Mayonnaise, die Misopaste und das Sesamöl in die Schüssel mit dem Eigelb geben, dann mit einer Gabel so lange zermatschen, bis eine glatte, cremige Masse entsteht. Jeweils einen Klecks dieser Füllung mit zwei Löffeln oder einem Spritzbeutel in die Aushöhlung in jedem Eiweiß geben.
4. Jeweils einen Tropfen Sriracha-Soße oben auf jedes Ei geben, dann mit schwarzer Sesamsaat und Alaea-Salz besprenkeln.

WÜRGWURZELPÜREE

Auf vielen Planeten sind Würgwurzeln vielleicht ein typisches, altbekanntes Familiengericht, doch bis vor Kurzem wäre mir nicht einmal im Traum eingefallen, sie in meinem Lokal anzubieten. Um fair zu sein, sei gesagt, dass Würgwurzeln an sich gar nicht mal so unlecker sind. Doch andererseits sind sie auch nicht besonders aromatisch, und ich ziehe es gemeinhin vor, meine Zeit nicht mit Zutaten zu vergeuden, die meinen hohen Qualitätsansprüchen nicht genügen. Stellt euch also meine Überraschung vor, als ich bei meinem letzten Besuch auf Saleucami das Rezept für dieses cremige Würgwurzelpüree entdeckte. Ich hätte nie gedacht, dass die natürliche Süße der Würgwurzel dermaßen deutlich zutage tritt, wenn man sie mit etwas Falumpasetkäse und einigen einfachen Kräutern kombiniert. Ob dieses eine außergewöhnliche Rezept genügt, damit ich meine Meinung in Bezug auf eine Zutat ändere, die ich früher rigoros abgelehnt habe? Keine Ahnung. Fragt mich das nochmal, nachdem ich noch zwei, drei Schüsseln von diesem köstlichen Püree verputzt habe …

ZUTATEN

- 120 ML MILCH
- 120 G CRÈME DOUBLE
- 1 LORBEERBLATT
- 2 KNOBLAUCHZEHEN, FEIN GEHACKT
- 2 ESSLÖFFEL OLIVENÖL SOWIE NOCH ETWAS MEHR ZUM BETRÄUFELN
- 500 G PASTINAKE, GESCHÄLT UND GROB GEHACKT
- 45 G GERIEBENER PARMESANKÄSE
- PRISE GEMAHLENE MUSKATNUSS
- SALZ
- PFEFFER
- 75 G ARTISCHOCKENHERZEN (AUS DER DOSE), GEWÜRFELT

VORBEREITUNG: 5 MINUTEN
ZUBEREITUNG: 15 MINUTEN
ERGIBT: 4 PORTIONEN
SCHWIERIGKEIT: EINFACH

VERWENDET BEI:
FRITTIERTE ENDORIANISCHE TIP-YIPS (SEITE 97)

1. Die Milch und die Sahne in einem mittelgroßen Kochtopf mit dem Lorbeerblatt, dem Knoblauch und dem Olivenöl vermengen. Bei mittlerer Hitze zum Köcheln bringen, dann die Pastinake hinzufügen.
2. Abdecken und ca. 15 Minuten köcheln lassen, bis die Pastinake sehr zart ist.
3. Vom Herd nehmen, das Lorbeerblatt entfernen und mit einem Pürierstab pürieren, bis eine geschmeidige Creme entsteht. Bei Bedarf noch etwas mehr Milch oder Sahne hinzufügen.
4. Den Parmesankäse und die Muskatnuss dazugeben und nach Belieben mit Salz und Pfeffer würzen.
5. Die Artischockenherzen einrühren und genießen!

MARSCHALLSKAPPEN

Diese gefüllten Pilze verdanken ihren merkwürdigen Namen dem Umstand, dass sie verblüffende Ähnlichkeit mit den ikonischen Helmen haben, die die Kyuzo-Gesetzeshüter tragen, die auf dem Niima-Außenposten auf Jakku patrouillieren. Allerdings sind Pilze, die groß genug sind, um sie zu füllen, auf einer so trockenen und trostlosen Welt wie Jakku ausgesprochen selten, deshalb solltet ihr lieber Kurs auf die Pilzwälder von Skako Minor nehmen, wenn ihr euch ein paar echt gigantische Exemplare besorgen wollt. Doch wenn ihr die Pilze schließlich habt, fängt der Spaß erst richtig an, denn das Spannendste ist, sie zu füllen! Ich habe das früher mit Hackfleisch, verschiedenen Gemüsesorten und sogar mit Killerkrabbenimitat gemacht, aber dieses Rezept ist ohne Zweifel eine meiner Lieblingsvarianten. Dass etwas so Leckeres noch nicht gesetzlich verboten wurde, ist eigentlich ein Wunder!

ZUTATEN

500 G CHAMPIGNONS
3 ESSLÖFFEL BUTTER
1 KNOBLAUCHZEHE, FEIN GEHACKT
80 G PANKO-PANIERMEHL
25 G GERIEBENER PARMESANKÄSE
2 FRÜHLINGSZWIEBELN, DIE WEIßEN UND DIE GRÜNEN TEILE, FEIN GEHACKT
1 ESSLÖFFEL FEIN GEHACKTE PETERSILIE
½ TEELÖFFEL GARAM MASALA
SALZ
PFEFFER

VORBEREITUNG: 10 MINUTEN
ZUBEREITUNG: 15 MINUTEN
ERGIBT: UNTERSCHIEDLICH
SCHWIERIGKEIT: MITTEL

1. Den Backofen auf 175° C vorheizen und ein Backblech mit Backpapier oder einer Silikonmatte auslegen.
2. Die Pilze waschen und die Stiele entfernen. Die Stiele klein würfeln. Die Pilzkappen auf einem Backblech arrangieren; dabei jeweils etwas Platz zwischen den Pilzen lassen.
3. In einer mittelgroßen Sauteuse oder Bratpfanne bei mittlerer Hitze die Butter schmelzen. Den Knoblauch dazugeben und 2 bis 3 Minuten anschwitzen, bis der Knoblauch weich und duftig ist. Die Pilzwürfel hinzufügen und alles ca. 5 Minuten garen, bis die Pilze ihren Saft abgegeben haben.
4. Das Paniermehl, den Parmesankäse, die Zwiebeln, die Petersilie, das Garam Masala sowie nach Belieben Salz und Pfeffer hinzufügen und eine weitere Minute köcheln lassen, bis der Käse weich und alles gut miteinander vermischt ist. Dann vom Herd nehmen.
5. Mit einem kleinen Löffel die Füllung in die Hohlräume der Pilzkappen geben. Alle Pilze so füllen, dass sich oben drauf etwas von der Füllung türmt. Ca. 15 Minuten im vorgeheizten Ofen backen, bis die Pilze gar sind. Warm servieren.

SUPPEN + EINTÖPFE

Auf meinen Reisen habe ich etliche Welten besucht und bin dabei auf keine einzige empfindungsfähige Spezies getroffen, die nicht irgendeine Art von Suppe oder Eintopf auf ihrem Speiseplan stehen hätte. Gut möglich, dass das damit zu tun hat, dass es in der Galaxis kaum Gerichte gibt, die einfacher zuzubereiten sind. Alles, was man braucht, sind ein Topf, Wasser und irgendwas, womit man diesem Wasser Geschmack verleihen kann. Um das hinzukriegen, braucht man keinen Abschluss an der Orto-Gastroakademie!

Natürlich bedeutet die Tatsache, dass Suppen leicht zu kochen sind, nicht, dass sie auch immer schmecken. Um ehrlich zu sein, hatte ich schon einige auf dem Löffel, bei denen ich mich gefragt habe, ob der Koch mir vielleicht versehentlich einen Teller Sumpfbrühe serviert hat. Doch das ändert nichts daran, dass man eine appetitliche Suppe oder einen leckeren Eintopf nicht so schnell wieder vergisst. Eine gut gemachte Schüssel Suppe schickt mich auf eine Erinnerungsreise, zurück in meine Kindheit auf Artiod Minor. Keine Frage: Eine aromatische Suppe schmeckt wie zu Hause.

Abgesehen davon finde ich es großartig, dass bei Suppen und Eintöpfen ein einziger großer Topf genügt, um euren ganzen Clan satt zu machen, und anschließend ist immer noch jede Menge übrig, um auch die nächsten Tage noch davon zu essen. Klar, die Geschmäcker sind verschieden, aber auf den folgenden Seiten habe ich eine kleine Auswahl großartiger Brühen zusammengestellt, von denen die Leute immer restlos begeistert waren – ganz egal, auf welchem Planeten. Ich hoffe bloß, ich habe genug Töpfe dabei ...

WURZELBLATTEINTOPF

Auf einem Sumpfplaneten wie Dagobah würde man vielleicht nicht unbedingt eine erstklassige Mahlzeit erwarten, doch ihr wärt überrascht, wie köstlich ein dampfender Topf Kräuter und Pilze sein kann, wenn man sich nur die Zeit nimmt, ihn richtig zuzubereiten! Im Laufe der Jahre habe ich meine eigene Version des klassischen Wurzelblatteintopfs perfektioniert, die immer auf einem der Kessel auf meinem Herd vor sich hinblubbert. Das Gericht stammt von einer Welt, die wie eine imperiale Müllpresse riecht, daher kann ich verstehen, warum viele meinen, dieser Eintopf sei eher etwas für Gaumen, die daran gewöhnt sind. Meine Variante ist allerdings nicht ganz so streng und besitzt gerade die richtige Menge kräftiger Aromen sowie eine Tonne wichtiger Nährstoffe. Ich schwöre, dass ihr echt was verpasst, wenn ihr nicht zumindest ein Löffelchen hiervon probiert!

ZUTATEN

- 2 ESSLÖFFEL OLIVENÖL
- 240 G GEMISCHTE PILZE, IN SCHEIBEN GESCHNITTEN
- 2 KNOBLAUCHZEHEN, FEIN GEHACKT
- 1 ESSLÖFFEL FRISCH GERIEBENER INGWER
- ½ TEELÖFFEL KREUZKÜMMEL, GEMAHLEN
- ½ TEELÖFFEL KURKUMAPULVER
- ½ TEELÖFFEL GEMAHLENER ZIMT
- 500 ML GEMÜSEBRÜHE
- 450 G GROB GEHACKTES WURZELGEMÜSE, Z. B. KARTOFFEL, KAROTTE UND PASTINAKE
- MEHRERE HANDVOLL BLATTKOHL, IN KLEINE STÜCKE GEZUPFT

VORBEREITUNG: 5 MINUTEN
ZUBEREITUNG: 20 MINUTEN
ERGIBT: 4 PORTIONEN
SCHWIERIGKEIT: EINFACH

1. In einem großen Kochtopf bei mittlerer Hitze 1 Esslöffel des Öls erhitzen und die Pilze darin einige Minuten unter gelegentlichem Umrühren garen, bis sie ihre Säfte abgegeben haben. Die Pilze dann in eine Schüssel geben und beiseitestellen.
2. Das übrige Öl dazugeben, gefolgt von dem Knoblauch, dem Ingwer, dem Kreuzkümmel, dem Kurkuma und dem Zimt. Unter ständigem Rühren ca. 30 Sekunden anschwitzen, bis das Ganze gut duftet.
3. Die Gemüsebrühe dazugießen, dann das Wurzelgemüse hinzufügen. Gerade genug Wasser hineingeben, damit das Wurzelgemüse bedeckt ist, und so lange köcheln lassen, bis das Gemüse weich ist (ca. 10 bis 15 Minuten, je nach Größe der Stücke).
4. Die Pilze wieder dazugeben, dann den Blattkohl hinzufügen. Weitere 1 bis 2 Minuten köcheln lassen, dann mit einer Schöpfkelle in Servierschalen füllen.

TOPATO-SUPPE

Erinnert ihr euch, dass ich sagte, eine gute Suppe fühlt sich an wie zu Hause? Tja, im Fall dieser klassischen Topato-Suppe meine ich das sogar wortwörtlich. Ja, wie man eine gute Mahlzeit zubereitet, habe ich im Groben aus alten Holovideos gelernt, aber das heißt nicht, dass ich davor noch nie gut gegessen hatte; im Gegenteil! Meine Mutter war vielleicht keine Gormaanda, aber sie konnte verdammt gut kochen. Und wann immer sie etwas von dieser aromatischen Brühe auf dem Herd ansetzte, konnte man sicher sein, dass es nicht lange dauern würde, bis sich die ganze Familie zum Essen einfand. Sobald sie begriff, wohin meine Leidenschaft für Essen mich führte, war diese Suppe eine der ersten Speisen, deren Zubereitung sie mir beibrachte. Abgesehen davon haben wir alle mal klein angefangen, richtig?

ZUTATEN

1 ESSLÖFFEL OLIVENÖL
2 BIS 3 KNOBLAUCHZEHEN, FEIN GEHACKT
½ MITTELGROSSE SPEISEZWIEBEL, GEWÜRFELT
100 ML GRÜNE SALSA
240 ML HÜHNERBRÜHE
1 MITTELGROSSE KARTOFFEL, GESCHÄLT UND GEWÜRFELT
30 G BABYSPINAT
120 G CRÈME DOUBLE ODER MEHR, JE NACH GESCHMACK
SALZ
PFEFFER

VORBEREITUNG: 5 MINUTEN
ZUBEREITUNG: 15 MINUTEN
ERGIBT: 4 PORTIONEN
SCHWIERIGKEIT: EINFACH

1. In einem mittelgroßen Topf bei mittlerer Hitze das Öl erwärmen. Den Knoblauch und die Zwiebel hineingeben und einige Minuten unter gelegentlichem Umrühren anschwitzen, bis alles weich und duftig ist.
2. Die Salsa, die Hühnerbrühe und die Kartoffel hinzufügen, dann nochmals ca. 15 Minuten köcheln lassen, bis die Kartoffel gabelzart ist.
3. Ca. 30 Sekunden lang den Spinat einrühren, dann alles mit einem Pürierstab pürieren.
4. Die Sahne dazugeben, dann nach Belieben mit Salz und Pfeffer würzen; ruhig etwas mehr Sahne hinzufügen, falls die Suppe zu scharf ist.

TATOOINE-TERRINE

In Umgebungen mit wenig Feuchtigkeit zu kochen ist nicht ganz so einfach. Schließlich braucht man, um eine Suppe zuzubereiten, Flüssigkeit. Auf den meisten Welten ist das kein Problem, doch auf Wüstenplaneten wie Tatooine ist jeder einzelne Tropfen Wasser kostbar. Zwar kann man mit einem hochwertigen Vaporator Feuchtigkeit aus der Luft filtern, aber um einen Topf damit zu füllen, braucht es schon die »Ernte« eines ganzen Tages. Glücklicherweise wird die Flüssigkeitsmenge in dieser schmackhaften Terrine durch die Dazugabe einer speziellen Pilzart maximiert, die in den Überdruckkondensatoren der Vaporatoren wächst und beim Garen reichlich Saft abgibt. Das Resultat ist ein herzhaftes Gericht, das zwar nicht ganz als Suppe durchgeht, aber dennoch dafür sorgt, dass ihr nach einem heißen, anstrengenden Arbeitstag unter den Zwillingssonnen des Planeten rasch wieder zu Kräften kommt.

ZUTATEN

- 1 ESSLÖFFEL OLIVENÖL
- 1 MITTELGROSSE SPEISEZWIEBEL, GEWÜRFELT
- 1 KNOBLAUCHZEHE
- 75 G FESTER TOFU, GEWÜRFELT
- 1 ESSLÖFFEL ROTE CURRYPASTE
- 2 TEELÖFFEL GARAM MASALA
- 2 TEELÖFFEL KORIANDERPULVER
- 1 GROSSE AUBERGINE, IN CA. 2,5 CM GROSSE WÜRFEL GESCHNITTEN
- 1,5 L HÜHNERBRÜHE
- 75 ML SIRUP
- 15 G GETROCKNETE PILZE NACH WAHL
- 50 G SCHWARZE LINSEN
- SALZ
- PFEFFER

VORBEREITUNG: 5 MINUTEN
ZUBEREITUNG: 35 MINUTEN
ERGIBT: 4 PORTIONEN
SCHWIERIGKEIT: EINFACH

1. In einem großen Topf bei mittlerer Hitze das Olivenöl erwärmen. Die Zwiebel und den Knoblauch dazugeben und unter gelegentlichem Umrühren ca. 5 Minuten anschwitzen, bis alles weich und duftig ist.
2. Den Tofu hinzufügen und anbraten, bis der Tofu ringsum gebräunt ist (ca. 5 Minuten).
3. Die Currypaste, das Garam Masala und den Koriander einrühren, dann die übrigen Zutaten dazugeben und nach Belieben mit Salz und Pfeffer würzen.
4. Nochmals ca. 25 Minuten köcheln lassen, bis die Aubergine ganz weich und die Linsen komplett gar sind.

PIKANTER MANDALORIANER-EINTOPF

Mandalorianer sind stolze, für ihre Zähigkeit berühmte Krieger. Wenn etwas keine Herausforderung darstellt, dann ist es ihre Zeit nicht wert. Offensichtlich gilt diese Sicht der Dinge auch für ihre Esskultur, wie dieser traditionelle Eintopf beweist, der so verflucht scharf ist, dass es einem glatt die Härchen in den Nasenlöchern wegbrennt! Diese althergebrachte mandalorianische Spezialität heißt in ihrer Sprache »Tiingilar« – mein Mando ist zwar ein bisschen holprig, aber ich denke, dass sich das grob mit »Verzehr auf eigene Gefahr« übersetzen lässt. Dieses Gericht, das herzhaftes Fleisch und Gemüse mit einer extrem pikanten Würzmischung kombiniert, würde dafür sorgen, dass selbst der härteste Mandalorianer in seiner supercoolen Rüstung ordentlich ins Schwitzen gerät!

ZUTATEN

2 ESSLÖFFEL OLIVENÖL
1 MITTELGROSSE SPEISEZWIEBEL, GEWÜRFELT
2 KNOBLAUCHZEHEN, FEIN GEHACKT
1 ESSLÖFFEL GERIEBENER FRISCHER INGWER
500 G HÜHNCHENSCHENKEL, OHNE HAUT UND KNOCHEN, GROB GEHACKT
1 MITTELGROSSER ROTER APFEL, ENTKERNT UND GEWÜRFELT
3 ESSLÖFFEL MEHL
2 KAROTTEN, GROB GEHACKT
1 BLAUE KARTOFFEL, GROB GEWÜRFELT
2 TEELÖFFEL GARAM MASALA
2 ESSLÖFFEL CURRYPULVER
2 ESSLÖFFEL TOMATENMARK
1½ ESSLÖFFEL ZUCKER
2 ESSLÖFFEL SOJASOSSE
1 L HÜHNERBRÜHE
90 G PTITIM (ISRAELISCHES COUSCOUS)

VORBEREITUNG: 5 MINUTEN
ZUBEREITUNG: 40 MINUTEN
ERGIBT: 4 PORTIONEN
SCHWIERIGKEIT: EINFACH

1. In einem großen Kochtopf bei mittlerer Hitze das Olivenöl erwärmen, dann die Zwiebel, den Knoblauch und den Ingwer dazugeben.
2. Unter gelegentlichem Umrühren einige Minuten anschwitzen, bis alles weich und duftig ist. Dann das Hühnerfleisch hinzufügen und unter gelegentlichem Rühren so lange anbraten, bis das Fleisch von allen Seiten angebräunt ist.
3. Die übrigen Zutaten dazugeben und abgedeckt ca. 30 Minuten köcheln lassen, bis das Gemüse weich ist. Warm servieren.

BROTE

Wie schon erwähnt, ist Kochen eine Kunst. Doch wenn es ums Backen geht, kommt eine ganze Menge mehr Wissenschaft ins Spiel. Die Präzision, die beim Backen nötig ist, kann ein bisschen einschüchternd wirken. Ich persönlich ziehe es bei meinen Rezepten vor, etwas mehr frei Schnauze zu arbeiten und eine Prise hiervon oder einen Spritzer davon dazuzugeben, wenn ich mich ans Abschmecken mache. Bei Brot ist das allerdings nicht unbedingt die klügste Herangehensweise, schließlich kann ein Viertel Teelöffel Wurmhefe mehr den Unterschied zwischen absoluter Perfektion und völliger Katastrophe ausmachen.

Schaut man unter die Kruste, stellt man fest, dass die meisten Brote aus denselben Grundzutaten bestehen: Mehl, Wasser, Hefe und so weiter. Doch diese Zutaten werden auf unterschiedlichste Art kombiniert, um jedes dieser Brote einzigartig zu machen. Backen ist also in gewisser Hinsicht so, als wäre man ein Mechaniker: Man muss erst einmal ein solides Verständnis dafür entwickeln, wie alle Teile zusammenpassen und miteinander funktionieren, bevor man auch nur einen einzigen Gedanken daran verschwenden kann, irgendwelche feschen Upgrades vorzunehmen. Ich meine, schließlich erwartet ja auch keiner, dass ihr imstande seid, einen Hyperantrieb einzubauen, wenn ihr das erste Mal einen Schraubenschlüssel in die Hand nehmt. Dasselbe gilt fürs Brotbacken. Selbst die erfahrensten Chefköche haben im Laufe ihrer Karriere schon den einen oder anderen Laib anbrennen lassen. Doch natürlich lassen wir uns von ein paar hässlichen Rückschlägen nicht davon abbringen, genau das richtige Vehikel zu kreieren, um unsere Aromen zu transportieren. Denn wir wissen, dass es unser Gericht in vollkommen neue Höhen erhebt, wenn es uns am Ende gelingt, das perfekte Brot zu backen!

RONTO-FLADENBROT

Manche Brote sind so deftig, dass sie eine ganze Mahlzeit ersetzen. Andere hingegen sind so raffiniert, dass sie mühelos im Mittelpunkt des feinsten Festmahls stehen können. Und wieder andere dienen dazu, das Beste an einem Gericht noch zu betonen, anstatt sich selbst ins Scheinwerferlicht zu drängeln. Dieses Fladenbrot zum Beispiel wird von den prächtigen Leuten in der Ronto-Braterei »Ronto Roasters« gebacken, und das zu einem einzigen Zweck: um die köstlichen Fleischberge, die dort zubereitet werden, sicher in eure Futterluke zu befördern. Dieses Brot ist dünn und biegsam genug, um damit so ziemlich jede Füllung zu umwickeln, zugleich aber auch so »strapazierfähig«, dass es nicht schon in dem Moment vollkommen durchgeweicht ist, in dem man etwas reinstopft. Falls Brot bislang nicht auf eurem Menüplan stand, solltet ihr das dringend ändern, denn es gibt nichts Besseres, als damit Hummus oder Soße zu essen. Dieses Fladenbrot ist vielleicht simpel, hat aber mehr Verwendungsmöglichkeiten als ein Universalwerkzeug!

ZUTATEN

- 180 ML WARMES WASSER
- 1 ESSLÖFFEL OLIVENÖL
- 1 TEELÖFFEL ROHRZUCKER
- ½ TEELÖFFEL SALZ
- 1 TEELÖFFEL INSTANT-TROCKENHEFE
- 2 KNOBLAUCHZEHEN, FEIN GEHACKT
- 1 ESSLÖFFEL GEMISCHTE GETROCKNETE KRÄUTER, Z. B. BOHNENKRAUT ODER MAJORAN
- 250 G MEHL SOWIE NOCH ETWAS MEHR ZUM BESTÄUBEN

VORBEREITUNG: 10 MINUTEN
AUFGEHZEIT: 1 STUNDE
ZUBEREITUNG: 20 BIS 30 MINUTEN
ERGIBT: 6 FLADENBROTE
SCHWIERIGKEIT: MITTEL

1. In einer mittelgroßen Schüssel das Wasser, das Olivenöl, den Rohrzucker, das Salz und die Hefe miteinander vermengen.
2. Den Knoblauch und die Kräuter dazugeben, dann nach und nach das Mehl einarbeiten, bis der Teig nicht mehr allzu klebrig ist.
3. Auf einer leicht mit Mehl bestreuten Oberfläche ausbringen und 1 bis 2 Minuten kneten, bis der Teig weich ist und zurückfedert, wenn man hineinpikt.
4. Den Teig in eine saubere Schüssel geben, locker mit Frischhaltefolie oder einem angefeuchteten Geschirrtuch abdecken und an einem warmen Ort ca. 1 Stunde aufgehen lassen bzw. so lange, bis der Teig doppelt so groß ist wie zuvor.
5. Sobald der Teig aufgegangen ist, bei mittlerer Hitze eine trockene mittelgroße Sauteuse oder Bratpfanne erwärmen.
6. Den Teig in sechs gleich große Bälle aufteilen und jeden davon ca. 6 mm dick ausrollen.
7. Die Teigstücke eins nach dem anderen in die Pfanne legen. Von jeder Seite 3 bis 5 Minuten anbraten, bis das Fladenbrot goldbraun ist. Auf einen Teller geben und vollständig abkühlen lassen.

VERWENDET BEI:
RONTO-WRAP (SEITE 99)
FELUCIANISCHER GARTENSALAT (SEITE 101)

POLYSTÄRKE-RATIONSBROT

Jakku ist ein abgelegener Planet, der nicht viel mehr zu bieten hat als Hitze und Sand. Nahrung ist rar und Wasser sogar noch seltener. Dementsprechend ist es schwierig, dort etwas zu kochen, das diesen Namen auch verdient. Allerdings habe ich hier bei einem meiner jüngsten Besuche trotz allem ein kleines kulinarisches Wunder entdeckt: Instantbrot. Bei den Einheimischen als »Rationsbrot« bekannt, handelt es sich hierbei im Grunde um eine einfache Mischung aus Polystärkemehl und Wasser. Bei der chemischen Reaktion, die das Vermischen dieser beiden Elemente erzeugt, entsteht ein selbst aufgehender Minibrotlaib, der selbst den mäkeligsten Schrottplünderer zufriedenstellen dürfte. Gut möglich, dass die intensive Hitze der Wüste von Jakku die chemische Reaktion irgendwie begünstigt, da es mir bislang nicht gelungen ist, den Prozess in meiner eigenen Küche hundertprozentig zu reproduzieren. Allerdings: Wenn ich meinen Backofen auf die richtige Temperatur einstelle, kommt meine Variante von Polystärke-Rationsbrot dem Original verdammt nahe!

ZUTATEN

½ TEELÖFFEL PFLANZENÖL
4 ESSLÖFFEL WEIZENMEHL
1 ESSLÖFFEL HAFERFLOCKEN
1 TEELÖFFEL ZUCKER
¼ TEELÖFFEL BACKPULVER
½ TEELÖFFEL KLEINE GETROCKNETE SEEGRASFLOCKEN
JE EINE PRISE SALZ UND PFEFFER
PRISE GEMAHLENER ZIMT
CA. 2 ESSLÖFFEL WASSER

VORBEREITUNG: 1 MINUTE
ZUBEREITUNG: 1 MINUTE
ERGIBT: 1 PORTION
SCHWIERIGKEIT: EINFACH

1. Eine mikrowellengeeignete Auflaufform (ca. 15 cm Ø) oder eine kleine Schüssel leicht mit Öl einfetten.
2. In einer mittelgroßen Schüssel das Mehl, die Haferflocken, den Zucker, das Backpulver, das Seegras, das Salz, den Pfeffer und den Zimt miteinander vermengen, gefolgt von gerade genug Wasser, um alles zusammenzuhalten (ca. 2 Esslöffel).
3. Rasch zu einem groben Ball formen und in die Mitte der vorbereiteten Auflaufform geben.
4. Die Form in die Mikrowelle stellen und auf hoher Stufe 45 Sekunden lang erhitzen; in dieser Zeit sollte das Brot merklich aufgehen. Vor dem Verzehr etwas abkühlen lassen.

FÜNF-BLÜTEN-BROT

Im Laufe der Jahrhunderte habe ich jede Menge Backwaren produziert, doch ich glaube nicht, dass jemals etwas Hübscheres aus meinem Ofen gekommen ist, als ein traditionelles Fünf-Blüten-Brot von Naboo. Jede einzelne »Blüte« dieses köstlichen Laibs ist sorgsam so platziert, dass alle zusammen aufgehen und dabei nicht bloß ein zusammenhängendes Brot bilden, sondern an einen Strauß blühender Blumen erinnern. Das Fünf-Blüten-Brot ist dazu gedacht, dass man es in Stücke reißt und miteinander teilt – auch wenn einige meiner Gäste dafür bekannt waren, sich lieber gegenseitig etwas *auszu*reißen (vorzugsweise irgendwelche Gliedmaßen), um das letzte Fitzelchen in ihre gierigen Finger zu bekommen. Gerüchten zufolge erfreute sich das Fünf-Blüten-Brot auch am Königshof von Naboo großer Beliebtheit, da sich die legendäre Königin Amidala persönlich gut darauf verstand, es zuzubereiten. Doch zu unserem Glück braucht man keine Krone, um diese prachtvolle, gebackene Schönheit zu genießen!

ZUTATEN

BROT:

- 120 ML WARME MILCH
- 60 G BUTTER, GESCHMOLZEN
- 60 G KRISTALLZUCKER
- 2 TEELÖFFEL INSTANT-TROCKENHEFE
- 1 BIS 2 TEELÖFFEL GEMAHLENER KARDAMOM
- 1 EI
- ½ TEELÖFFEL SALZ
- 360 G MEHL SOWIE NOCH ETWAS MEHR ZUM BESTÄUBEN

FÜLLUNG:

- 100 G PFLAUMEN- ODER KERNLOSE BEERENMARMELADE
- 2 ESSLÖFFEL MEHL
- 3 ESSLÖFFEL ROHRZUCKER
- 2 TEELÖFFEL GEMAHLENER ZIMT

GLASUR:

- 150 G PUDERZUCKER
- 1 ESSLÖFFEL KAKTUSFEIGENSIRUP
- 2–3 ESSLÖFFEL CRÈME DOUBLE
- 2 ESSLÖFFEL SCHOKOLADENÜBERZOGENE SONNENBLUMENKERNE ODER -STREUSEL, ALS GARNITUR

VORBEREITUNG: 15 MINUTEN
AUFGEHZEIT: 1 STUNDE
BACKZEIT: 20 MINUTEN
ERGIBT: 1 LAIB
SCHWIERIGKEIT: SCHWIERIG

1. Das Brot zubereiten: In einer großen Schüssel die Milch, die Butter, den Zucker, die Hefe, den Kardamom und das Ei miteinander vermengen. Das Salz hinzufügen. Dann nach und nach das Mehl dazugeben, bis der Teig nicht mehr allzu klebrig ist. Den Teig auf einer leicht mit Mehl bestreuten Oberfläche ausbringen und einige Minuten lang kneten, bis er zurückfedert, wenn man mit dem Finger hineinpikt. Mit Frischhaltefolie abdecken und an einem warmen Ort ca. 1 Stunde gehen lassen bzw. so lange, bis der Teig doppelt so groß ist wie zuvor.
2. Die Füllung zubereiten: In einer kleinen Schüssel alle Zutaten miteinander vermischen und beiseitestellen.
3. Das Brot zusammenfügen: Ein Backblech mit Backpapier oder einer Silikonmatte auslegen. Sobald der Teig aufgegangen ist, in zwei Hälften teilen. Eine Hälfte zu einer runden Scheibe von ca. 30 cm Durchmesser ausrollen. Die Scheibe vorsichtig auf das vorbereitete Backblech legen, dann gleichmäßig die Füllung darauf verteilen. Nun die andere Teighälfte ausrollen und oben auf die erste legen. Ein kleines Glas oder eine kleine runde Auflaufform als »Orientierungshilfe« genau in die Mitte des Teigs stellen. Dann mit einem scharfen Messer von der Mitte ausgehend in gleichmäßigen Abständen in Viertel schneiden. Jedes Viertel nochmals halbieren und dann schließlich alle Stücke nochmals durchschneiden, um insgesamt 16 Streifen zu erhalten. Das Glas aus dem Teig entfernen. Dann jeweils einen Streifen zurzeit verarbeiten; hierzu den Teig behutsam ein bisschen in die Länge ziehen und den Strang nun so weit um die eigene Achse verzwirbeln, wie es nur geht. Dann jeden verzwirbelten Teigstrang rings um die Mitte des Laibs zu einem Knoten formen. Am Ende sollte der Laib ein bisschen aussehen wie ein Blumenstrauß (siehe Bild). In die Mitte jedes Knotens mit der Fingerspitze eine Vertiefung für die Glasur drücken. Den Laib unabgedeckt nochmals ca. 30 bis 40 Minuten aufgehen lassen, bis er weich und fluffig ist.
4. Den Backofen auf 190° C vorheizen. Ca. 20 Minuten backen, bis das Brot goldbraun ist. Vor dem Auftragen der Glasur unbedingt erst vollständig abkühlen lassen!
5. Die Glasur zubereiten: Den Puderzucker, den Kaktusfeigensirup und gerade genug Crème double miteinander vermengen, damit das Ganze eine dickflüssige Konsistenz besitzt. Einen Klecks Glasur in die Mitte jeder Vertiefung geben, dann jeweils drei schokoladenüberzogene Sonnenblumenkerne oder Streusel in die Mitte der Glasur sprenkeln. Zum Verzehr einfach eine »Blüte« vom Laib abreißen und genießen.

MUSTAFARIANISCHE LAVABRÖTCHEN

Es gibt jede Menge Aberglaube, was den Planeten Mustafar betrifft. Einige sagen, die von Magma bedeckte Welt sei ein Knotenpunkt der Dunklen Seite der Macht. Andere behaupten, Darth Vader persönlich habe hier eine verborgene Burg. Keine Ahnung, ob irgendwas davon zutrifft. Doch ich weiß, dass die Temperaturen auf Mustafar so heiß sind wie in einem Ofen, was den Planeten zum idealen Ort für die Zubereitung qualitativ hochwertiger Backwaren macht. Bei einem meiner dortigen Besuche stieß ich auf einige Süd-Mustafarianer, die ihre Teigbällchen geradewegs auf dem glühend heißen Vulkangestein gebacken haben, um diese leckeren roten Brötchen mit der rissigen, geschwärzten Außenseite zu produzieren, die fast genauso beeindruckend aussehen, wie sie schmecken. Falls ihr gerade keine klaffende Lavaspalte parat habt, tut's auch ein traditioneller Backofen. Doch so oder so: Diese Brötchen sind einfach viel zu gut, um sie sich entgehen zu lassen!

ZUTATEN

BRÖTCHEN:

- 360 ML WARME MILCH
- 1 ESSLÖFFEL BUTTER, GESCHMOLZEN
- 1 ESSLÖFFEL ZUCKER
- 1 TEELÖFFEL SALZ
- 2 TEELÖFFEL INSTANT-TROCKENHEFE
- ROTE GEL-LEBENSMITTELFARBE, NACH BEDARF
- 360 G MEHL SOWIE NOCH ETWAS MEHR ZUM BESTÄUBEN

TOPPING:

- 150 G REISMEHL
- 1 TEELÖFFEL INSTANT-TROCKENHEFE
- 1 ESSLÖFFEL ZUCKER
- 1 ESSLÖFFEL PFLANZENÖL
- 180 ML WARMES WASSER
- SCHWARZE GEL-LEBENSMITTELFARBE, NACH BEDARF
- ½ TEELÖFFEL GROBES SALZ

VORBEREITUNG: 15 MINUTEN
AUFGEHZEIT: 1 STUNDE
BACKZEIT: 20 MINUTEN
ERGIBT: 12 BRÖTCHEN
SCHWIERIGKEIT: SCHWIERIG

1. Die Brötchen zubereiten: In einer mittelgroßen Schüssel die Milch, die Butter, den Zucker, das Salz, die Hefe und genügend Lebensmittelfarbe miteinander vermengen, um dem Ganzen eine kräftige rote Farbe zu geben. Nach und nach das Mehl hinzufügen, bis der Teig schön weich, aber nicht mehr allzu klebrig ist. Auf einer leicht mit Mehl bestreuten Oberfläche ausbringen und einige Minuten lang kneten, bis der Teig zurückfedert, wenn man mit dem Finger hineinpikt. In eine saubere Schüssel geben und mit Frischhaltefolie abdecken. An einem warmen Ort ca. 1 Stunde gehen lassen bzw. so lange, bis der Teig doppelt so groß ist wie zuvor.
2. Ein Backblech mit Backpapier oder einer Silikonmatte auslegen. Den Teig aus der Schüssel nehmen und in 12 gleich große Portionen aufteilen. Jeden Teigbatzen locker zu einem glatten Ball formen und auf das vorbereitete Backblech geben. Abdecken und den Teig erneut gehen lassen, während ihr die Glasur zubereitet.
3. Die Glasur zubereiten: Alle Zutaten in einer kleinen Schüssel miteinander verquirlen, bis das Ganze glatt und geschmeidig ist. Beiseitestellen und zusammen mit den Brötchen ca. 20 Minuten aufgehen lassen. Dann mit einem Backpinsel eine dicke Schicht Glasur auf jedes Brötchen pinseln; möglichst viel von dem Brötchen sollte mit der Glasur bedeckt sein. Den Backofen auf 200° C vorheizen und die Brötchen nochmal 20 Minuten gehen lassen.
4. Wenn ihr schließlich soweit seid, die Brötchen ca. 15 bis 20 Minuten backen, bis sie aufgegangen sind und sich fest anfühlen. Vor dem Servieren 10 Minuten abkühlen lassen.

MAMPFPILZBROT

Wenn ich die Galaxis nach neuen Zutaten durchkämme, stopfe ich meine Vorratskammer vorher immer mit den vielseitigsten Ingredienzien voll. Ich habe an Bord meines Frachters einfach nicht genügend Platz, um etwas mitzunehmen, das bloß in einem einzigen Gericht Verwendung findet. Darum liebe ich Mampfpilze, eine Fungus-Art, auf die ich bei einem Besuch auf dem Twi'lek-Heimatplaneten Ryloth gestoßen bin. Diese »Allzweckpilze« werden von den Einheimischen normalerweise roh verspeist, doch man kann sie auch für die Zubereitung von Suppen und Eintöpfen benutzen, um eine kräftige, herzhafte Brühe damit zu kochen. Ich muss allerdings sagen, eine der interessantesten Verwendungsmöglichkeiten für Mampfpilze, die ich kenne, ist, daraus ein traditionelles Twi'lek-Brot wie dieses hier zu backen. Voller warmer, duftender Aromen und mit einem Hauch von Würze ist dieses Brot, bei dem man einfach nicht anders kann, als es wegzumampfen, ein idealer Begleiter zu praktisch jeder Mahlzeit.

ZUTATEN

- 2 BIS 3 ESSLÖFFEL OLIVENÖL SOWIE NOCH ETWAS MEHR ZUM BETRÄUFELN
- 250 G FRISCHE PILZE, GEWÜRFELT
- 2 KNOBLAUCHZEHEN, FEIN GEHACKT
- 3 ESSLÖFFEL SOJASOSSE
- 1 ESSLÖFFEL ROTE CURRYPASTE
- 240 ML WARMES WASSER
- 1 ESSLÖFFEL HONIG
- 2 TEELÖFFEL INSTANT-TROCKENHEFE
- 1 ESSLÖFFEL ZUCKER
- 3 ESSLÖFFEL NATURJOGHURT
- ½ TEELÖFFEL PFEFFER
- 1 TEELÖFFEL SALZ
- 400 G MEHL SOWIE NOCH ETWAS MEHR ZUM BESTÄUBEN
- KOCHSPRAY ZUM EINFETTEN

VORBEREITUNG: 15 MINUTEN
AUFGEHZEIT: 2 STUNDEN
BACKZEIT: 40 MINUTEN
ERGIBT: 1 LAIB
SCHWIERIGKEIT: MITTEL

1. In einer großen Sauteuse oder Bratpfanne bei mittlerer Hitze das Olivenöl erwärmen. Die Pilze und den Knoblauch hineingeben und unter gelegentlichem Umrühren ca. 5 Minuten garen, bis die Pilze weich sind. Die Sojasoße einrühren und nochmals ca. 1 Minute köcheln lassen, bis alle überschüssige Flüssigkeit entweder verkocht ist oder aufgesogen wurde. Nun vom Herd nehmen und die Currypaste einrühren. Beiseitestellen und vollständig abkühlen lassen.
2. In einer großen Schüssel das warme Wasser, den Honig, die Hefe, den Zucker und den Joghurt miteinander vermischen. Die Pilzmixtur dazugeben, dann nach und nach gerade genug Mehl einarbeiten (ca. 400 g), um aus dem Ganzen einen Teig zu machen, den man gut weiterverarbeiten kann. Auf einer leicht mit Mehl bestreuten Oberfläche ausbringen und mehrere Minuten kneten, bis der Teig zurückfedert, wenn man mit dem Finger hineinpikt. In eine saubere, leicht eingefettete Schüssel geben, mit Frischhaltefolie oder einem angefeuchteten Geschirrtuch abdecken und ca. 1 Stunde gehen lassen bzw. so lange, bis der Teig doppelt so groß ist wie zuvor.
3. Ist der Teig schließlich soweit, eine Kastenform (ca. 12 cm x 22 cm) leicht einfetten. Den Teig plattdrücken und zu einem Rechteck von der ungefähren Länge und der doppelten Breite der Kastenform ausrollen. Zu einer Röhre zusammenrollen, dann vorsichtig hochheben und mit der »Naht« nach unten in die Form legen. Abdecken und nochmals für ca. 45 Minuten gehen lassen, bis der Laib weich und fluffig ist.
4. Derweil den Backofen auf 200° C vorheizen. Den Laib ca. 40 Minuten backen bzw. so lange, bis er goldbraun ist und sich fest anfühlt. Etwas abkühlen lassen, dann auf einem Abkühlgitter behutsam aus der Form stürzen. Vor dem Anschneiden vollständig abkühlen lassen.

HAUPT-GERICHTE

Als ich damals anfing, in Maz' Burg zu kochen, war ich entschlossen, dafür zu sorgen, dass jedes Gericht auf der Speisekarte die volle Bandbreite meines Könnens widerspiegelt. Seinerzeit hat kein Teller meine Küche verlassen, den ich nicht für absolut perfekt hielt. Dummerweise war die unmittelbare Folge davon, dass etliche potenzielle Gäste irgendwann einfach wieder gingen, weil sie es satt hatten, noch länger zu warten.

Es dauerte nicht lange, bis Maz mir den Kopf zurechtrückte. Sie machte mir klar, dass der Durchschnittskunde überhaupt keinen Wert darauf legt, dass ich ihn mit ausgefuchsten Techniken und exotischen Zutaten beeindrucke. Und damit hat sie Recht. Die meisten Leute interessieren sich einen verfluchten Womprattenarsch dafür, wie dünn du einen Shuura schneiden kannst. Alles, was sie wollen, ist, möglichst zügig etwas in den Magen zu bekommen. Und wenn das dann auch noch gut schmeckt? Tja, dann hast du einen treuen Stammkunden gewonnen.

Ich nahm mir Maz' Worte zu Herzen und konzentrierte mich darauf, meine Hauptgerichte zugunsten einer schnelleren Zubereitung zu überarbeiten, ohne dass die Qualität darunter litt. Das war nicht einfach, aber mit etwas Herumexperimentieren entwickelte ich einige Rezepte, die geschmacklich echte Knaller waren, ohne dass man dafür etliche Stunden am Herd schuften musste.

»Schnell und lecker« klingt vielleicht nicht nach einer sonderlich beeindruckenden kulinarischen Philosophie, aber glaubt mir, das Ganze funktioniert besser, als man erwarten würde. Jedenfalls haben sich diese Gerichte in jedem Außenposten, dem ich im Zuge meiner Reisen durch das Outer Rim einen Besuch abgestattet habe, großer Beliebtheit erfreut. Also gebt ihnen eine Chance und probiert sie zu Hause aus – ich glaube, dann versteht ihr auch, warum.

YOBSHRIMP-NUDELSALAT

Yobshrimps sind kleine Meereslebewesen, die in den Ozeanen von Naboo zuhause sind. Nahezu jede Spezies auf diesem Planeten – von den Menschen bis zu den Gungans – lieben diese köstlichen Krebstiere. Doch obwohl in den Gewässern reichlich Yobshrimps vorhanden sind, birgt es gewisse Gefahren, im Abgrund danach zu fischen. Denn wenn man nicht aufpasst, landet man stattdessen selbst auf der Speisekarte der riesigen Opee-Killerfische oder der Colo-Klauenfische, die in diesen Tiefen lauern! Zu meinem Glück habe ich einen Gungan kennengelernt, der bereit ist, mich zu einem vernünftigen Preis mit Yobshrimps zu versorgen. Obwohl man Yobshrimps auf die unterschiedlichsten Arten zubereiten kann, betone ich gern ihre Frische, indem ich die glitschigen kleinen Dinger mariniere und in einen kalten Nudelsalat werfe.

ZUTATEN

VINAIGRETTE:

- 120 ML NATRIUMARME SOJASOSSE
- 2 ESSLÖFFEL LIMONENSAFT
- 1 TEELÖFFEL ZUCKER
- 1 KNOBLAUCHZEHE, FEIN GEHACKT
- 1 TEELÖFFEL SCHARFE SOSSE
- ½ TEELÖFFEL XANTHANGUMMI

NUDELSALAT:

- 110 G VERMICELLI-REISNUDELN
- 12 GEKOCHTE, MITTELGROSSE SHRIMPS
- ¼ ROTE PAPRIKA, IN DÜNNE SCHEIBEN GESCHNITTEN
- 60 G KAROTTE, GESCHÄLT UND IN DÜNNE SCHEIBEN GESCHNITTEN
- 45 G GETROCKNETE HOLUNDERPILZE, 1 STUNDE IN WASSER EINGEWEICHT, ABGETROPFT UND IN SCHEIBEN GESCHNITTEN
- ½ ROTE ZWIEBEL, IN DÜNNE SCHEIBEN GESCHNITTEN
- ½ TEELÖFFEL FEIN GEHACKTER KORIANDER
- PRISE SALZ

VORBEREITUNG: 15 MINUTEN UND DANN ÜBER NACHT

ZUBEREITUNG: 15 MINUTEN

ERGIBT: 2 PORTIONEN

SCHWIERIGKEIT: MITTEL

1. Die Vinaigrette zubereiten: Alle Zutaten in einer Küchenmaschine miteinander vermischen und so lange pürieren, bis eine geschmeidige Flüssigkeit entsteht. In eine kleine Schüssel geben, abdecken und über Nacht in den Kühlschrank stellen.
2. Den Nudelsalat zubereiten: Einen mittelgroßen Topf mit Wasser füllen und zum Kochen bringen. Die Nudeln hineingeben und ca. 15 Minuten kochen, bis die Nudeln gar sind. Die Nudeln abgießen und unter fließendem kaltem Wasser abspülen. In einer großen Schüssel mit den Shrimps, der Paprika, der Karotte, den Pilzen, der Zwiebel und der Vinaigrette vermischen und vor dem Servieren mit ein bisschen Koriander und Salz bestreuen.

SHAAK-SCHMORBRATEN

Falls ihr schon mal auf Naboo wart, habt ihr vermutlich die Herden von Shaaks gesehen, die auf den Weiden grasen. Diese rundlichen Tiere sind im Grunde so etwas wie große Speckschwarten auf Beinen, aber als fähiger Schlachter kann man sich durch all dieses Fett arbeiten, um darunter extrem schmackhaftes Fleisch freizulegen. Allerdings ist die einzig legitime Zubereitungsart von Shaakfleisch, es zu schmoren. Das klappt großartig und sorgt für viel Aroma, besonders, wenn man noch lokales Grünzeug und Pilze dazugibt. Klar, Schmoren ist ein langwieriger, langsamer Prozess, doch das Endresultat ist so zart, dass das Fleisch in der Sekunde, in der man es mit der Gabel berührt, praktisch von allein auseinanderfällt. Für gewöhnlich serviere ich dazu Nudeln, um das Gericht etwas üppiger zu machen und den ganzen köstlichen Sud aufzusaugen. Mein Shaak-Schmorbraten ist rustikal, herzhaft und praktisch immer schon ausverkauft, sobald ich den Deckel vom Topf nehme.

ZUTATEN

- 1 BIS 1,5 KG ROASTBEEF (IM STÜCK)
- 60 ML SOJASOSSE ODER MEHR, JE NACH GESCHMACK
- 3 KNOBLAUCHZEHEN
- WASSER, NACH BEDARF
- 240 G MUSCHELNUDELN
- 6 ESSLÖFFEL OLIVENÖL
- 150 G GANZE PERLZWIEBELN, GEPELLT
- 180 G IN SCHEIBEN GESCHNITTENE PILZE
- 120 G GRÜNKOHL, KLEIN GEZUPFT
- 60 GEMISCHTE KAROTTEN, GESCHÄLT UND GERIEBEN
- 1 BIS 2 ESSLÖFFEL GEWÜRZTES PANKO-PANIERMEHL
- SALZ
- PFEFFER

ZUBEREITUNG: 3 STUNDEN FÜR DAS FLEISCH, 15 MINUTEN ZUM ANRICHTEN

ERGIBT: 4 PORTIONEN

SCHWIERIGKEIT: MITTEL

1. Das Fleisch zusammen mit der Sojasoße und dem Knoblauch in einen mittelgroßen Topf geben. Mit gerade genug Wasser aufgießen, damit das Fleisch davon bedeckt ist, den Deckel daraufsetzen und ca. 2 Stunden köcheln lassen, bis das Fleisch gar ist und allmählich zarter wird.
2. Das Fleisch mit zwei Gabeln in kleinere Stückchen zerpflücken, dann nochmal ca. 1 Stunde köcheln lassen, bis das Fleisch ganz zart ist. Auf einen separaten Teller geben und warmhalten.
3. Sobald das Fleisch gar ist, in einem großen Topf das Salzwasser für die Pasta zum Kochen bringen. Die Nudeln hineingeben und nach Packungsanleitung zubereiten, bis sie zwar durch, aber noch ein bisschen al dente (also bissfest) sind. Die Pasta abgießen und warmhalten.
4. In einer mittelgroßen Sauteuse oder Bratpfanne bei mittlerer Hitze das Olivenöl erwärmen. Darin für ca. 5 Minuten die Perlzwiebeln und die Pilze garen, bis sie weich sind. Dann 120 ml der Fleischbrühe dazugießen und umrühren, bis die Flüssigkeit absorbiert wurde.
5. Vom Herd nehmen und den Grünkohl einrühren, bis die Blätter »welken«. Ca. 120 ml Fleischbrühe in jede Servierschüssel geben, dann die Pasta auf die Schüsseln verteilen. Die Pilze, die Zwiebeln und die Grünkohl-Mischung unter die gekochte Pasta heben und warmhalten.
6. Das Fleisch oben auf die Pasta geben, gefolgt von den Karotten und einer Prise des Paniermehls. Nach Belieben mit Salz und Pfeffer würzen.

FRITTIERTE ENDORIANISCHE TIP-YIPS

Tip-Yips sind eine Hühnerart, die von den Ewoks auf dem Waldmond Endor gezüchtet wird, um Eier und Fleisch zu liefern. Und obwohl sich Tip-Yips objektiv betrachtet nicht allzu sehr von dem domestizierten Geflügel unterscheiden, das es auf unzähligen Welten gibt, finde ich, dass sie einfach ein bisschen saftiger und aromatischer sind. Abgesehen davon: Wenn man diesen kleinen Vogel im Ofen gart und auf einem Bett aus frischem Gemüse und lokalem Getreide serviert, ist das so ziemlich die bekömmlichste Mahlzeit, die man sich vorstellen kann. Doch falls es euch nichts ausmacht, eure Tip-Yips ein wenig »ungesünder« zuzubereiten, kann man sie ebenso gut panieren, frittieren und mit einer warmen Kräutersoße übergießen. Meine Variante strotzt nur so vor natürlichem Aroma und gehört auf jedem Raumhafen, auf dem ich meinen Laden aufmache, zu den Kassenschlagern. Dies ist vielleicht nicht die traditionelle Methode, wie Ewoks ihre gefiederten Freunde verspeisen, aber wenn ihr mich fragt, ist auf Endor genügend Platz für mehr als nur ein einziges Tip-Yips-Rezept.

ZUTATEN

- 2 GROSSE HÜHNERBRÜSTE, OHNE HAUT UND KNOCHEN
- ÖL ZUM FRITTIEREN, Z. B. PFLANZENÖL
- 180 G MEHL
- 1 TEELÖFFEL SALZ
- ½ TEELÖFFEL SCHWARZER PFEFFER
- PRISE CAYENNEPFEFFER
- 1 EI
- 2 ESSLÖFFEL BUTTERMILCH
- 1 PORTION WÜRGWURZELPÜREE (SEITE 65) ODER KARTOFFELSTAMPF
- 150 G GEMISCHTES GEMÜSE, Z. B. ERBSEN, KAROTTEN ODER MAIS, GEKOCHT
- 1 PORTION GURRECK-SOSSE (SEITE 31)

VORBEREITUNG: 15 MINUTEN
ZUBEREITUNG: 30 MINUTEN
ERGIBT: 2 PORTIONEN
SCHWIERIGKEIT: SCHWIERIG

1. Die Hühnerbrüste in mundgerechte Stücke schneiden und beiseitestellen. Ca. 2 Fingerbreit Öl in einen kleinen Topf füllen. Bei mittlerer Hitze auf den Herd stellen und auf ca. 180° C erwärmen, während ihr das Hühnchen vorbereitet.
2. In einer kleinen Schüssel das Mehl, das Salz, den Schwarzen Pfeffer und den Cayennepfeffer verquirlen, um alles gleichmäßig miteinander zu vermischen. In einer anderen kleinen Schüssel das Ei und die Buttermilch zusammen schlagen.
3. Die Hühnchenstücke eins nach dem anderen erst in die Ei-Mixtur und danach in die Mehl-Mischung tauchen; dabei darauf achten, dass das Fleisch komplett von der Panierung überzogen ist. Diesen Vorgang mit dem gesamten Fleisch wiederholen. Das panierte Hühnchen dann beiseitestellen.
4. Sobald das ganze Fleisch paniert ist, mit dem Frittieren beginnen, indem ihr jeweils einige Hühnchenstücke zurzeit vorsichtig in das heiße Öl gebt. Unter gelegentlichem Wenden ca. 5 bis 10 Minuten frittieren, bis die Stückchen schön goldbraun sind. Zum Abtropfen auf einen mit Küchenpapier ausgelegten Teller geben.
5. Zum Anrichten das Würgwurzelpüree (bzw. den Kartoffelstampf) und das gemischte Gemüse zusammenrühren. Jeweils einen großzügigen Klecks hiervon in jede Servierschüssel geben, dann die Gurreck-Soße ringsum an den Rand gießen. Mehrere der frittierten Hühnchenstücke darauflegen und sofort genießen.

RONTO-WRAP

Obwohl echte Rontos naturgemäß durch die Wüsten von Tatooine streifen, gibt es für euch bloß einen einzigen Planeten in der ganzen Galaxis, wenn ihr das beste Rontofleisch genießen wollt, das jemals den Weg auf einen Grill gefunden hat – Batuu. An seinem Stand auf dem Black Spire-Marktplatz wirkt Bakkar der Schlachter seine »Magie« und grillt auf offener Flamme riesige Rontokeulen, für ein Fladenbrot voll saftigem Fleisch, das so zart ist, dass es einem schier im Mund schmilzt. Zwar war Bakkar nicht sonderlich scharf darauf, das Familienrezept für seine geheime Gewürzmischung mit mir zu teilen, aber ich denke, nach unzähligen Versuchen, selbst dahinterzukommen, aus welchen Zutaten die Mischung besteht, ist mir das schließlich ziemlich gut gelungen. Ich gebe gern zu, dass meine Version vielleicht nicht ganz so genial ist wie die von Bakkar, doch wenn man das Fleisch in genügend Emul-Soße tränkt, schmeckt man kaum einen Unterschied.

ZUTATEN

- 2 ESSLÖFFEL PFLANZENÖL
- ½ MITTELGROSSE SPEISEZWIEBEL, GEWÜRFELT
- 250 G SCHWEINEHACKFLEISCH
- 180 G CHORIZO-WURST, OHNE PELLE
- 2 ESSLÖFFEL ROHRZUCKER
- 400 G TOMATENPÜREE
- SALZ
- PFEFFER
- RONTO-FLADENBROT (SEITE 81), ZUM SERVIEREN
- 150 G GUACAMOLE, ZUM ANRICHTEN

VORBEREITUNG: 5 MINUTEN
ZUBEREITUNG: 25 MINUTEN
ERGIBT: 6 PORTIONEN
SCHWIERIGKEIT: MITTEL

1. Bei mittlerer Hitze in einer großen Sauteuse oder Bratpfanne das Öl erwärmen. Die Zwiebel dazugeben und einige Minuten anschwitzen.
2. Das Schweinehack und die Chorizo hinzufügen und ca. 5 Minuten anbraten, bis alles Fleisch rundum angebräunt ist.
3. Den Rohrzucker und das Tomatenpüree dazugeben und weitere 15 Minuten köcheln lassen, bis die Soße eingedickt ist.
4. Nach Belieben würzen, dann mit einem Löffel in das aufgeschnittene Ronto-Fladenbrot geben. Jeweils mit ein paar Tropfen Guacamole krönen und sofort genießen.

FELUCIANISCHER GARTENSALAT

Abgesehen von der Zeit, in der die Urwälder von Felucia durch die Klonkriege verwüstet wurden, war der Planet stets ein friedvoller Ort, wo die Bauern in Harmonie mit dem Land ringsum lebten. Lange, bevor ich für Maz zu kochen begann, verbrachte ich Zeit auf einer dieser felucianischen Farmen. Dort lernte ich, wie wichtig es ist, bei all meinen Gerichten möglichst frische und lokale Zutaten zu verwenden. An diese Philosophie halte ich mich noch heute. Die Felucianer verstehen es meisterhaft, ihre Ernte in üppige, ausgewogene Mahlzeiten zu verwandeln – eine Gabe, der ich mit diesem leckeren vegetarischen Salat gerecht zu werden versuche, was sich auch im Namen des Gerichts widerspiegelt. Diese Speise besteht aus einigen Parwanischen Nutrikeksen (Seite 109), einem kräuterlastigen Hummus und einer kühlen, erfrischenden Würzsoße. Die Soße kann man anschließend wunderbar mit einem Stück Fladenbrot aufsaugen, doch es guckt euch auch niemand schief an, wenn ihr nach dem Essen einfach den Teller ableckt.

ZUTATEN

TOMATEN-GURKEN-SALAT:

- 1 GROSSE TOMATE, GEWÜRFELT
- 1 GROSSE SALATGURKE, GEWÜRFELT
- 2 TEELÖFFEL GROB GEHACKTE FRISCHE MINZE
- 60 ML OLIVENÖL
- SALZ
- PFEFFER
- RONTO-FLADENBROT (SEITE 81) ODER PITABROT
- PARWANISCHE NUTRIKEKSE (SEITE 109) ODER FALAFEL

SCHWARZBOHNEN-HUMMUS:

- 480 G SCHWARZE BOHNEN (AUS DER DOSE), ABGETROPFT UND ABGESPÜLT
- 100 G TAHINI (SESAMMUS)
- 2 ODER 3 KNOBLAUCHZEHEN, FEIN GEHACKT
- 2 ESSLÖFFEL OLIVENÖL
- 3 ESSLÖFFEL PETERSILIE, GROB GEHACKT, SOWIE NOCH ETWAS MEHR ALS GARNITUR
- 2 ESSLÖFFEL ZITRONENSAFT
- 1 TEELÖFFEL GETROCKNETER OREGANO
- ½ TEELÖFFEL KREUZKÜMMEL, GEMAHLEN
- SALZ UND PFEFFER
- 2 ESSLÖFFEL FEIN GEHACKTER KORIANDER

VORBEREITUNG: 20 MINUTEN
ERGIBT: UNTERSCHIEDLICH
SCHWIERIGKEIT: SCHWIERIG

1. Den Tomaten-Gurken-Salat zubereiten: Die Tomate, die Salatgurke, die Minze und das Olivenöl in einer Schüssel durcheinanderwerfen und nach Belieben mit Salz und Pfeffer würzen. Beiseitestellen.
2. Den Hummus zubereiten: Alle Zutaten mit Ausnahme des Korianders in der Schüssel einer Küchenmaschine miteinander vermischen und pürieren, bis eine cremige, geschmeidige Masse entsteht. In eine Servierschüssel geben und die frischen Kräuter unterheben.
3. Den Tomaten-Gurken-Salat darauf geben und zusammen mit etwas Ronto-Fladenbrot und Parwanischen Nutrikeksen servieren. Sofort genießen.

GORMAANDAS BLAUGLÜHNUDELN

Ich denke, ich habe hinreichend deutlich gemacht, dass es die großartige Chefköchin Gormaanda war, die mich dazu inspiriert hat, das erste Mal ein Hackmesser in die Hand zu nehmen. Das alte Mädchen konnte so ziemlich jedes Gericht zubereiten, das man sich nur vorstellen kann. Bei ihr sah das immer ganz einfach aus, der reinste Spaß. Bloß ein bisschen Umrühren, Aufschlagen, Anbraten und Würzen, und schon hast du ein Meisterwerk kredenzt. Wozu brauchte ich schon einen Abschluss am Orto, wo ich doch ihre Holovideos hatte? Seit damals habe ich viel Zeit und Mühe investiert, um eine Speisekarte zusammenzustellen, die meinem eigenen kulinarischen Standpunkt treu bleibt. Trotzdem koche ich hin und wieder eins von Gormaandas alten Rezepten, um mich daran zu erinnern, wie einst alles begann. Ihre Blauglühnudeln sind seit jeher eine meiner Leibspeisen. Sie lassen sich mühelos an jede Ernährungsweise anpassen und – noch wichtiger! – schmecken immer so großartig, wie sie aussehen. Gönnt euch eine Portion, vielleicht inspiriert Gormaanda euch dann ja ebenfalls!

ZUTATEN

- 1 L WASSER
- 2 BEUTEL BLAUER TEE
- SALZ
- 240 G REISNUDELN
- 120 G UNGESALZENE BUTTER
- 1 KNOBLAUCHZEHE, FEIN GEHACKT
- PFEFFER
- 120 G CRÈME DOUBLE
- 130 G GERIEBENER PARMESANKÄSE
- 120 G MOZZARELLAPERLEN
- 150 G KIRSCHTOMATEN, GEVIERTELT
- GOLDFLECHTENWAFFEL (SEITE 37), ALS GARNITUR

VORBEREITUNG: 5 MINUTEN
ZUBEREITUNG: 15 MINUTEN
ERGIBT: 2 BIS 4 PORTIONEN
SCHWIERIGKEIT: MITTEL

1. In einem mittelgroßen Topf das Wasser mit den Teebeuteln und einer großzügigen Prise Salz zum Kochen bringen. Die Nudeln nach Packungsanleitung al dente (also bissfest) zubereiten, dann abgießen.
2. Während die Nudeln kochen, in einem zweiten mittelgroßen Topf bei mittlerer Hitze die Sahne, die Butter und den Knoblauch erwärmen, bis die Mischung dampft.
3. Nach Belieben Salz und Pfeffer einrühren. Sobald die Sahne zu dampfen beginnt, den Parmesankäse einstreuen. Verquirlen, bis der Käse komplett geschmolzen ist, dann vom Herd nehmen.
4. Die Nudeln auf Servierschalen verteilen, dann die Käsesoße darüber gießen. Mit den Mozzarellaperlen und den Tomaten belegen. Optional als Garnitur eine Goldflechtenwaffel anlegen. Sofort genießen.

NERF-KEBABS

Ich habe nie so recht verstanden, warum »Nerf-Hirte« eine Beleidigung ist. Ich meine, klar, Nerfs sind dreckig, stinken fürchterlich und ziehen Blutfliegen an. Doch dasselbe könnte man auch von der Hälfte meiner Gäste damals in Maz' Burg behaupten. Abgesehen davon: Lässt man ihren schlechten Ruf außer Acht, haben Nerfs anderen empfindungsfähigen Spezies einiges zu bieten, darunter u. a. frische Milch, Lederhäute und zottelige Felle, die sogar einen Wookiee neidisch machen würden. Doch wie ihr euch sicher vorstellen könnt, interessiere ich mich vor allem für das Fleisch der Nerfs. Da es Nerfs auf zahlreichen Welten gibt, von Lothal bis nach Ibaar, betrachten die meisten Leute sie nicht gerade als Gourmetmahlzeit. Aber mit ein bisschen kulinarischer Finesse – und einem ordentlichen Spritzer meiner speziellen Nerfsteak-Würze (Seite 29) – hebt man dieses Fleisch auf eine völlig neue Ebene. Um ehrlich zu sein, genügt schon ein einziger Bissen, damit man am liebsten selber Nerf-Hirte werden will, und wenn auch bloß, um diese Spieße jeden einzelnen Tag genießen zu können!

ZUTATEN

120 ML WARMES WASSER
1 TEELÖFFEL INSTANT-TROCKENHEFE
PRISE SALZ
1 ESSLÖFFEL ZUCKER
1 ESSLÖFFEL OLIVENÖL
120 G MEHL SOWIE NOCH ETWAS MEHR ZUM BESTÄUBEN
500 G RINDERHACKFLEISCH
80 G ITALIENISCHES PANIERMEHL
1 EI
45 G GERIEBENER PARMESANKÄSE
3 ESSLÖFFEL NERFSTEAK-WÜRZE (SEITE 29)
45 G GERIEBENER CHEDDARKÄSE

VORBEREITUNG: 10 MINUTEN
AUFGEHZEIT: 1¼ STUNDE
ZUBEREITUNG: 20 BIS 25 MINUTEN
ERGIBT: 5 SPIESSE
SCHWIERIGKEIT: MITTEL

1. Das Wasser, die Hefe, das Salz, den Zucker und das Olivenöl in einer kleinen Schüssel vermengen. Ca. 120 g Mehl dazugeben bzw. gerade genug, um einen Teig zu bekommen, der zusammenhält. Ein oder zwei Minuten auf einer leicht mit Mehl bestreuten Oberfläche kneten, dann in eine saubere Schüssel geben, mit Frischhaltefolie oder einem angefeuchteten Geschirrtuch abdecken und ca. 1 Stunde gehen lassen, bis der Teig ungefähr doppelt so groß ist wie zuvor.
2. In einer mittelgroßen Schüssel das Hackfleisch, das Paniermehl, das Ei, den Parmesankäse und die Nerfsteak-Würze miteinander vermengen. Daraus 15 gleich große Fleischbällchen von ca. 2,5 cm Durchmesser formen. Die Bällchen beiseitestellen, während der Teig zu Ende aufgeht.
3. Sobald der Teig fertig aufgegangen ist, den Backofen auf 190° C vorheizen und ein Backblech mit Backpapier oder einer Silikonmatte auslegen. Den Teig in 5 gleich große Stücke aufteilen und jedes davon zu einer »Schnur« von ca. 25 cm Länge rollen.
4. Mit einem Ende einer Teigschnur beginnen. Den Teig auf einen ca. 25 bis 30 cm langen Holzspieß stecken, gefolgt von einem Fleischbällchen. Dann den Teig um das Hackbällchen herumlegen und wieder aufspießen (siehe Bild). Diesen Vorgang mit zwei weiteren Fleischbällchen wiederholen; dabei immer schön mit dem Teig abwechseln. Auf das vorbereitete Backblech legen und das Ganze so lange wiederholen, bis alle Hackbällchen und die gesamten Teigschnüre aufgebraucht sind.
5. Sind schließlich alle Spieße vorbereitet, den Teig nochmals ca. 15 Minuten gehen lassen. Dann 20 Minuten im Ofen backen, bis der Teig hell-goldbraun ist und die Fleischbällchen durchgegart sind.
6. Sobald die Spieße gar sind, das Backblech aus dem Ofen nehmen und die Spieße mit dem geriebenen Käse bestreuen. Dann nochmals für 1 bis 2 Minuten in den Backofen geben, bis der Käse geschmolzen ist. Am besten direkt aus dem Rohr genießen!

BALLONSAU MIT FÜLLUNG

Der Platz für Vorräte in meinem Foodfrachter ist begrenzt, deshalb nehme ich möglichst nur die absolut notwendigen Zutaten mit, wenn ich von einem Planeten zum anderen reise. Das bedeutet, dass einige Fleischsorten wie z. B. Ballonsau nur selten auf der Speisekarte stehen. Und das hat nichts mit dem Geschmack dieser Tiere zu tun; im Gegenteil! Denn Ballonsäue schmecken absolut spektakulär, wenn man sie mit frischen Kräutern füllt und im eigenen Saft brät. Das ist einfach eine Frage der Wirtschaftlichkeit. Denn, wisst ihr, wenn sich eine Ballonsau erschreckt oder aus einem anderen Grund scheut – und das passiert ständig –, schwillt ihr Körper enorm an, was es schwierig macht, sie in einen Frachtcontainer zu stecken. Da bin ich einfach besser beraten, wenn ich diesen Platz nutze, um stattdessen hundert Tip-Yips unterzubringen. Doch auch, wenn ich nicht den Platz habe, um diese Säue mitzunehmen, ergibt es sich bisweilen, dass mir einer der örtlichen Schmuggler auf einem der Außenposten, bei denen ich andocke, ein gutes Angebot macht, daher habe ich dieses Ballonsau-Rezept stets griffbereit.

ZUTATEN

2 SCHWEINEFILETS, JEWEILS CA. 500 G
90 G BABYSPINAT
1 SÄUERLICHER APFEL, ENTKERNT UND GEWÜRFELT
1 FENCHELKNOLLE, GROB GEHACKT
½ TEELÖFFEL GETROCKNETER SALBEI
½ TEELÖFFEL PFEFFER
SALZ
500 G FRÜHSTÜCKSSPECK

VORBEREITUNG: 15 MINUTEN
ZUBEREITUNG: 25 MINUTEN
ERGIBT: 4 PORTIONEN
SCHWIERIGKEIT: MITTEL

1. Den Backofen auf 190° C vorheizen.
2. Die Schweinefilets fast der gesamten Länge nach so aufschneiden, dass man sie »aufklappen« kann. Dann zu einer Dicke von 6 mm bis 1,2 cm plattklopfen.
3. Den Spinat, den Apfel, den Fenchel und den Salbei sowie nach Belieben Pfeffer und Salz in eine Küchenmaschine geben und so lange pürieren, bis alles gut miteinander vermengt ist.
4. Die Füllung gleichmäßig auf das Fleisch streichen. Die Schweinefilets aufrollen und mit der »Naht« nach unten auf ein mit Backpapier ausgelegtes Backblech legen.
5. Sorgsam eine Scheibe Speck nach der anderen um die beiden Schweinefilets wickeln.
6. Ca. 25 Minuten im vorgeheizten Ofen garen. Falls die Speckkruste etwas krosser sein soll, das Fleisch für 1 bis 2 Minuten unter den Ofengrill geben.

PARWANISCHE NUTRIKEKSE

Ungeachtet ihrer unappetitlichen Profession sind Kopfgeldjäger für gewöhnlich echte Profis. Sie wissen, dass auch sie ihren Teil eines Deals erfüllen müssen, weshalb die Wahrscheinlichkeit, dass sie ihre Rechnung bezahlen, um einiges größer ist, als bei anderem kriminellem Abschaum. Darum habe ich, wann immer Kopfgeldjäger in Maz' Burg aufgetaucht sind und irgendwelche Sonderwünsche an die Küche hatten, stets mein Bestes getan, um sie zufriedenzustellen. Einmal bat mich ein parwanischer Kopfgeldjäger namens Derrown, ihm eine Portion seiner Lieblingsnutrikekse zuzubereiten, die er auf seine nächste Mission mitnehmen wollte. Ich kam dieser Bitte gerne nach und behielt gleich auch noch einen Schwung Kekse für mich selbst. Denn diese köstlichen Leckereien sind zwar fleischlos, aber trotzdem so randvoll mit Protein, dass ihr bei Kräften bleibt, bis ihr eure Beute schließlich erwischt habt.

ZUTATEN

- 450 G KICHERERBSEN (AUS DER DOSE), ABGETROPFT UND ABGESPÜLT
- 1 KNOBLAUCHZEHE, FEIN GEHACKT
- 1 TEELÖFFEL KREUZKÜMMEL, GEMAHLEN
- ½ TEELÖFFEL SALZ
- ½ TEELÖFFEL SCHWARZER PFEFFER
- PRISE CAYENNEPFEFFER
- 1 EI
- 30 G MEHL
- 2 ESSLÖFFEL OLIVENÖL

VORBEREITUNG: 5 MINUTEN
ZUBEREITUNG: 15 MINUTEN
ERGIBT: CA. 12 KEKSE
SCHWIERIGKEIT: MITTEL

VERWENDET BEI:
FELUCIANISCHER GARTENSALAT (SEITE 101)

1. Die Kichererbsen, den Knoblauch, den Kreuzkümmel, das Salz, den Schwarzen Pfeffer und den Cayennepfeffer in die Schüssel einer Küchenmaschine geben.
2. Mehrmals durcharbeiten, dann das Ei dazugeben und so lange pürieren, bis eine geschmeidige, glatte Masse entsteht.
3. Nach und nach das Mehl hinzufügen, bis ihr einen zähen Teig habt.
4. In einer mittelgroßen Sauteuse oder Bratpfanne bei mittlerer Hitze ein bisschen von dem Olivenöl erwärmen. Den Teig in gehäuften Esslöffeln in die heiße Pfanne fallen lassen; es sollten immer mehrere Teigkleckse auf einmal in der Bratpfanne sein. Mit einem eingeölten Pfannenwender flachdrücken.
5. Die Kekse von beiden Seiten einige Minuten anbraten, bis sie goldbraun und fest sind.
6. Auf einen mit Küchenpapier ausgelegten Teller geben und das Ganze mit dem restlichen Teig wiederholen.
7. Zusammen mit eurem Lieblingsdip servieren. Mit Cayennepfeffer bestreute Sriracha-Mayonnaise ist hier eine tolle Option.

HUTTISCHE SCHLEIMSCHOTEN

Vor einer Weile bin ich nach Nal Hutta gereist, in der Hoffnung, dort irgendwelche exotischen Gewürze zu entdecken. Stattdessen fand ich dort nichts weiter als Ärger, und zwar in Gestalt der Hutten, der gigantischen, schneckenartigen galaktischen Gangster, die auf diesem Planeten heimisch sind. Eine Zeitlang hatten sie mich in ihren Pranken, doch dann konnte ich meine kulinarische Expertise gegen meine Freiheit eintauschen. Glücklicherweise essen Hutten so ziemlich alles, von rohen Gorgs bis hin zu Fröschen mit Reis, deshalb war es nicht sonderlich schwierig, sie zufriedenzustellen. Allerdings stieß ich in diesen Tagen auf einen überraschend leckeren Snack, den ich noch nie zuvor gekostet hatte – sogenannte »Schleimschoten«. Das sind aufgeblähte kleine Lebewesen, die in den Sümpfen von Nal Hutta treiben. Da ich vom Planeten der Hutten abgehauen bin, sobald sich mir die Chance dazu bot, war es mir leider nicht möglich, einige dieser abstoßenden und zugleich doch auch ausgesprochen köstlichen Delikatessen für meine Vorratskammer zu sammeln. Doch zum Glück sind die schlimmsten Erlebnisse häufig eine Inspiration für die besten Gerichte. Dementsprechend habe ich für dieses Rezept etwas kredenzt, das zwar genauso schmackhaft, aber nur halb so grotesk wie die Original-Schleimschoten ist.

ZUTATEN

- 500 G UNGEKOCHTE GNOCCHI
- 35 G FRISCHER SPINAT
- 75 G GESCHÄLTE PISTAZIEN
- 4 KNOBLAUCHZEHEN, FEIN GEHACKT
- 120 ML OLIVENÖL
- 1 ESSLÖFFEL LIMONENSAFT
- 1 AVOCADO, GESCHÄLT UND ENTKERNT
- 20 G GERIEBENER PARMESANKÄSE
- 60 G CRÈME DOUBLE
- SALZ
- 450 G DICKE WEISSE BOHNEN (AUS DER DOSE), ABGETROPFT UND ABGESPÜLT
- SRIRACHA-SOSSE, ALS GARNITUR

VORBEREITUNG: 5 MINUTEN

ZUBEREITUNG: 5 MINUTEN

ERGIBT: 2 MENSCHENPORTIONEN ODER EINE HUTTEN-VORSPEISE

SCHWIERIGKEIT: EINFACH

1. Bei mittlerer bis großer Hitze einen mittelgroßen Topf Salzwasser zum Kochen bringen. Die Gnocchi hineingeben und so lange kochen, bis sie von allein an die Oberfläche steigen. Die gekochten Gnocchi aus dem Wasser fischen und warmhalten.
2. Während das Wasser warm wird, den Spinat, die Pistazien, den Knoblauch, das Olivenöl, den Limonensaft und die Avocado in die Schüssel einer Küchenmaschine geben. Durcharbeiten, bis die Masse glatt und cremig ist, dann nach und nach den Parmesankäse, die Sahne und (nach Belieben) Salz hinzufügen. Wiederum alles durcharbeiten, bis das Ganze gut vermengt ist.
3. Die Mixtur zusammen mit den Bohnen zu den gekochten Gnocchi geben, alles ordentlich umrühren und nochmals erwärmen.
4. In Servierschüsseln geben, ein paar Spritzer Sriracha-Soße drauftröpfeln und sofort warm servieren. Dieses Gericht schmeckt frisch zubereitet am besten.

GRUUVAN-SHAAL-SPIESSE

Es gab eine Zeit, da hatte ich diese traditionellen Twi'lek-Spieße von meiner Speisekarte auf Takodana verbannt. Das hatte nichts mit dem Rezept an sich zu tun, sondern vielmehr damit, *wie* sie serviert wurden. Wisst ihr, eine – kleine – Weile wollte Maz nicht, dass ich Essen serviere, für das man irgendeine Art von Besteck braucht. Denn unlängst hatte die Gewalt zwischen den Gästen merklich zugenommen; dass man seinen Blaster an der Tür abgeben musste, schreckte niemanden ab und änderte auch nichts daran, dass die Leute trotzdem aufeinander losgingen. Nachdem ein Klatooinianer einen Nikto, den er beschuldigte, beim Sabacc betrogen zu haben, mit einem Löffel angegriffen hatte, verbannte Maz alles aus dem Schankraum, das sich als potenzielle Waffe verwenden ließ. Doch leider waren es meistens die Freunde guten Essens, die unter dieser Maßnahme zu leiden hatten und verletzt wurden. Als Maz das Verbot spitzer Gegenstände schließlich wieder aufhob, holte ich sofort die Spieße aus dem »Vorruhestand« und begann, diese herzhaften Köstlichkeiten aus Fleisch und Gemüse zu grillen.

ZUTATEN

- 1 ESSLÖFFEL ROTE CURRYPASTE
- 1 ESSLÖFFEL SOJASOSSE
- 1 TEELÖFFEL GARAM MASALA
- 3 KNOBLAUCHZEHEN, FEIN GEHACKT
- SAFT VON 1 LIMONE
- 120 ML OLIVENÖL
- SALZ, PFEFFER
- 500 G HÜHNCHENSCHENKELFLEISCH, OHNE KNOCHEN, IN MUNDGERECHTE STÜCKCHEN GESCHNITTEN
- 1 MITTELGROSSE GRÜNE PAPRIKA, ENTSAMT UND IN 2,5 CM GROSSE STÜCKCHEN GESCHNITTEN
- 1 MITTELGROSSE ROTE ZWIEBEL, IN 2,5 CM GROSSE STÜCKCHEN GESCHNITTEN

VORBEREITUNG: 10 MINUTEN
MARINIERZEIT: 3 STUNDEN
ZUBEREITUNG: 15 MINUTEN
ERGIBT: 6 SPIESSE
SCHWIERIGKEIT: MITTEL

1. In einer kleinen Schüssel die rote Currypaste, die Sojasoße, das Garam Masala, den Knoblauch, den Limonensaft, das Olivenöl sowie großzügige Prisen Salz und Pfeffer miteinander vermengen, dann das Fleisch daruntermischen.
2. Mindestens 3 Stunden in den Kühlschrank stellen, damit sich die Aromen entfalten können. In der Zwischenzeit 6 Bambusspieße in Wasser einweichen.
3. Seid ihr soweit, die Spieße zuzubereiten, die Grillfunktion des Backofens auf hoher Stufe vorheizen.
4. Die Fleischstücke, die Paprika und die Zwiebel abwechselnd auf die Spieße stecken und auf ein Backblech legen. Ca. 15 Minuten im Backofen grillen, bis das Fleisch gar ist; nach der Hälfte der Zeit wenden. Warm servieren.

NACHSPEISEN

Wenn ihr auch nur ansatzweise so drauf seid wie ich, dann habt ihr die Hauptgerichte links liegen lassen, um euch gleich den Desserts zuzuwenden. Wir Artiodacs sind vielleicht nicht unbedingt für unser liebliches Gemüt bekannt, aber wenn's ums Naschen geht, tja, dann sieht die Sache schon ganz anders aus!

Es mag euch überraschen, aber einige Leute betrachten Desserts nicht als Muss. Normalerweise sind Typen, die alle Hände voll damit zu tun haben, zu überleben, zu beschäftigt damit, einfach nur eine ordentliche Mahlzeit zu finden, als sich Gedanken darüber zu machen, was danach kommt. Dabei sind ausgerechnet das die Gäste, die eine kleine Leckerei nach dem Hauptgang besser gebrauchen können als alle anderen. Und ich serviere sie ihnen.

Von kleinen, üppigen Happen reiner Glückseligkeit bis hin zu dekadenten Demonstrationen kreativer Feinbäckerei sind den Möglichkeiten für gute Nachspeisen allein durch eure eigene Phantasie Grenzen gesetzt – und vielleicht durch eure Speisekammer. Doch ich finde, die besten Desserts sind die, die nicht bloß die Geschmacksknospen kitzeln, sondern auch das Herz ansprechen.

Hier findet ihr eine Sammlung von einigen der interessantesten Süßspeisen und Leckereien, die mir auf meinen Reisen untergekommen sind. Die meisten wurden ursprünglich ersonnen, um einer bestimmten Spezies zu schmecken, doch es ist an der Zeit, das auch der Rest der Galaxis die Chance bekommt, sie zu genießen. Also, worauf wartet ihr? Her mit dem Nachtisch!

WROSHYR-BAUMKUCHEN

Ich weiß nicht allzu viel über den Lebenstag, abgesehen davon, dass es sich dabei um so eine Art heiligen Feiertag handelt, den Wookiee-Familien rings um einen riesigen Baum auf Kashyyyk feiern. (Oder jedenfalls so ähnlich. Mein Shyriiwook ist ein bisschen eingerostet.) Allerdings kann ich mit ziemlicher Sicherheit sagen, dass es nichts Deprimierenderes gibt, als einen traurigen Wookiee. Ich erinnere mich: Damals, als ich in Maz' Burg arbeitete, musste einer dieser armen, pelzigen Burschen seinen Lebenstag auf Takodana verbringen, nachdem er aus irgendwelchen Gründen dort gestrandet war, also tat ich mein Bestes, um ihn ein wenig aufzumuntern, und backte diese Schönheit. Ich formte diesen Kuchen wie einen der gigantischen Bäume, die seinen Heimatplaneten bedecken, damit er sich bei uns ein bisschen mehr wie daheim fühlt. Da er mir nicht die Arme ausgerissen hat, vermute ich mal, ihm hat's geschmeckt. Und ich schätze, euch wird's nicht anders ergehen.

VORBEREITUNG: 20 MINUTEN
BACKZEIT: 50 MINUTEN
ABKÜHLZEIT: 1 STUNDE
ERGIBT: 1 KUCHEN, MINDESTENS 8 PORTIONEN
SCHWIERIGKEIT: SCHWIERIG

ZUTATEN

KUCHEN:

- 120 G UNGESALZENE BUTTER, AUFGEWEICHT, SOWIE NOCH ETWAS MEHR ZUM EINFETTEN
- 125 G KRISTALLZUCKER
- 3 EIER
- 120 ML BUTTERMILCH
- 1 TEELÖFFEL VANILLEEXTRAKT
- 100 G MANDELMEHL
- 1 TEELÖFFEL GEMAHLENER ZIMT
- 1 TEELÖFFEL GERIEBENER INGWER
- ½ TEELÖFFEL BACKPULVER
- 1 TEELÖFFEL BACKNATRON
- 120 G MEHL SOWIE NOCH ETWAS MEHR ZUM BESTÄUBEN

GLASUR:

- 180 G FRISCHKÄSE, AUFGEWEICHT
- 60 G BUTTER
- 500 G PUDERZUCKER
- 1 TEELÖFFEL VANILLEEXTRAKT
- 80 ML AHORNSIRUP SOWIE NOCH ETWAS MEHR ZUM ANRICHTEN
- 2 ESSLÖFFEL KAKAOPULVER

ESSBARES MOOS:

- 150 G CRACKER, ZERBRÖSELT
- 60 G KRISTALLZUCKER
- 35 G GESCHÄLTE PISTAZIEN
- 3 ESSLÖFFEL GESCHMOLZENE BUTTER
- GRÜNE GEL-LEBENSMITTELFARBE

1. Den Kuchen zubereiten: Den Backofen auf 175° C vorheizen. Eine runde Kuchenform (ca. 20 cm Ø) einfetten und mit etwas Mehl bestreuen. In einer großen Schüssel die Sahne mit der Butter und dem Zucker zusammen schlagen, bis das Ganze blassgolden ist. Eins nach dem anderen die Eier hinzufügen und schlagen, bis die Masse eingedickt ist. Dann die Buttermilch, die Vanille, das Mandelmehl, den Zimt und den Ingwer hineingeben. Zuletzt das Backpulver, das Backnatron und das Mehl einrühren. Den Teig in die Kastenform geben.
2. Ca. 35 Minuten backen, bis ein Zahnstocher, den man in die Mitte des Kuchens pikst, beim Herausziehen noch sauber ist. Ist der Kuchen fertig, auf ein Abkühlgitter geben und vor dem Glasieren vollends abkühlen lassen.
3. Die Glasur zubereiten: Während der Kuchen backt und abkühlt, die Sahne mit dem Frischkäse und der Butter zusammen schlagen, bis eine geschmeidige Creme entsteht. Die Hälfte des Puderzuckers mit der Vanille, dem Ahornsirup und dem Kakaopulver einarbeiten. Dann langsam den übrigen Puderzucker dazugeben und immer weiter schlagen, um eine möglichst streichfähige Konsistenz zu bekommen.
4. Das essbare Moos zubereiten: Den Backofen auf 120° C vorheizen. Die zerbröselten Cracker zusammen mit dem Zucker und den Pistazien in die Schüssel einer Küchenmaschine geben. Mehrmals durcharbeiten, bis ein feines Pulver entsteht. Weiter durcharbeiten; dabei die Butter hinzufügen, gefolgt von der Lebensmittelfarbe. So viel Lebensmittelfarbe dazugeben, bis euch die Farbe gefällt. Die Mischung dann gleichmäßig auf einem Backblech verstreichen und ca. 10 Minuten backen. Umrühren und nochmal für ca. 5 Minuten in den Ofen geben, bis sich das Moos trocken anfühlt. Alternativ kann man das Moos auch schon mehrere Tage im Voraus zubereiten und bis zur Verwendung in einem luftdichten Behältnis lagern.
5. Die Glasur gleichmäßig über die Oberseite und die Seiten des abgekühlten Kuchens streichen und mit einer Gabel die Glasur oben auf dem Kuchen kreisförmig einkratzen, damit das Ganze an die Jahresringe eines Baums erinnert. Das essbare Moos gegen die Seiten des Kuchens drücken, so lange die Glasur noch feucht ist, damit das Moos haften bleibt.

BESPIN-WOLKENTROPFEN

Wenn man in einer schicken, schwebenden Stadt lebt, liegt es wohl nahe, anzunehmen, dass dort alles einen Ticken opulenter ist als anderswo. Dieses delikate Dessert bildet da keine Ausnahme. Diese raffinierten Baisertropfen sollen optisch den Tibanna-Gaswolken ähneln, die gleichmütig durch die Atmosphäre des Planeten Bespin treiben, und so lange ihr sie nicht selbst gekostet habt, werdet ihr nicht glauben, was für ein Sturm an Geschmack in jedem drolligen Happen steckt. Diese Wolkentropfen schmelzen förmlich in eurem Mund! Ich könnte diese göttlichen kleinen Leckereien händeweise essen (und wenn man bedenkt, wie groß meine Pranken sind, sagt das wohl alles). So schön Bespin an einem klaren Tag auch sein mag – ich garantiere euch, diese grandiosen Köstlichkeiten bringen euch auch bei strahlendem Sonnenschein dazu, um Wolken zu betteln!

ZUTATEN

3 EIWEISS
½ TEELÖFFEL WEINSTEIN
180 G ZUCKER
1 ESSLÖFFEL KAKTUSFEIGENSIRUP ODER GRENADINE
HELLBLAUE LEBENSMITTELFARBE

VORBEREITUNG: 5 MINUTEN
ZUBEREITUNG: 1½ STUNDEN
ABKÜHLZEIT: 1 BIS 2 STUNDEN
ERGIBT: UNTERSCHIEDLICH
SCHWIERIGKEIT: MITTEL

1. Das Eiweiß und den Weinstein in einer mittelgroßen Schüssel vermengen und mit einem Elektromixer bei mittlerer Geschwindigkeit schlagen, bis sich weiche Spitzen bilden.
2. Die Mixergeschwindigkeit auf hoch stellen und langsam, aber stetig den Zucker dazugeben.
3. Den Zucker schlagen, bis er sich vollends aufgelöst hat, dann rasch den Feigenkaktussirup bzw. die Grenadine einarbeiten.
4. Den Backofen auf 95° C vorheizen und ein Backblech mit Backpapier auslegen.
5. Kleckse der Meringue mit einem Löffel auf das Backblech geben, dann grob zu Wolken formen.
6. Einen Zahnstocher in die blaue Lebensmittelfarbe tauchen und kreuz und quer durch jede Wolke ziehen, um dem Ganzen etwas mehr Farbe zu verleihen.
7. Ca. 1 Stunde lang backen, dann den Herd ausschalten und die Ofentür ein Stückchen öffnen. Die Meringue nun eine gute Stunde abkühlen lassen.

CAVAELLINISCHE WÜRZCREMEKEKSE

Einst gab es eine Zeit, in der etliche Droiden in meiner Küche arbeiteten. Das war damals, bevor ein paar von ihnen durchdrehten und versuchten, mich und einige von meinen Mitarbeitern umzubringen. Heutzutage ziehe ich es vor, wenn meine Köche so sind wie meine Zutaten – organisch. Nichtsdestotrotz fehlt es mir manchmal, Zugriff auf die Datenbank von einem dieser Droiden zu haben, da sie genügend Rezepte umfasste, um damit tausend Bücher wie dieses zu füllen. Ich hatte diese alte 434-Einheit, die die spektakulärste Rezeptur für Cavaellinische Würzcremekekse parat hatte – herzhafte kleine, mit exotischen Früchten gefüllte Gebäckstücke aus dem Cavaell-System. Der würzige Pfiff dieser Kekse brachte mich dazu, mich zu fragen, wer hier wen beißt: Ich die Kekse oder umgekehrt? Ganz ehrlich, für diese Kekse möchte man sterben … Aber sagt das ja niemals einem Droiden! Denn der könnte das wörtlich nehmen!

ZUTATEN

VORBEREITUNG: 5 MINUTEN
KÜHLZEIT: 1 STUNDE
BACKZEIT: 10 MINUTEN
ERGIBT: CA. 12 KEKSE
SCHWIERIGKEIT: MITTEL

KEKSE:

- 180 G BUTTER
- 125 G KRISTALLZUCKER
- 90 G ROHRZUCKER
- 1 EI
- 150 ML SIRUP
- 1 TEELÖFFEL BACKNATRON
- 1 TEELÖFFEL GEMAHLENER ZIMT
- 1 TEELÖFFEL GERIEBENER INGWER
- ½ TEELÖFFEL CHINESISCHES FÜNF-GEWÜRZE-PULVER
- 300 G MEHL

FÜLLUNG:

- 110 G FRISCHKÄSE
- SPRITZER FEIGENKAKTUSSIRUP ODER ORANGENEXTRAKT
- 120 G PUDERZUCKER
- 1 ESSLÖFFEL CRÈME DOUBLE ODER NACH BEDARF

1. Die Kekse zubereiten: In einer mittelgroßen Schüssel die Butter und die beiden Zuckersorten zusammen schlagen. Das Ei und den Sirup einarbeiten, gefolgt vom Backnatron, dem Zimt, dem Ingwer und dem Chinesischen Fünf-Gewürze-Pulver. Schließlich das Mehl hinzugeben, bis ihr einen relativ festen Teig erhaltet. Abdecken und für ca. 1 Stunde in den Kühlschrank stellen.
2. Seid ihr schließlich soweit, die Kekse zu backen, den Backofen auf 190° C vorheizen und ein Backblech mit Backpapier auslegen. Den Teig zu kleinen Kugeln mit einem Durchmesser von ca. 2,5 cm rollen und mit jeweils ca. 7 cm Abstand zueinander (weil der Teig sich ausdehnt) auf das Backblech legen. Ca. 10 bis 12 Minuten backen, bis die Kekse an den Rändern langsam braun werden. Aus dem Ofen nehmen und ca. 1 Minute auf dem Backblech abkühlen lassen, dann auf ein Abkühlgitter geben und vollständig auskühlen lassen.
3. Die Füllung zubereiten: Während die Kekse backen und abkühlen, den Frischkäse, den Feigenkaktussirup bzw. das Orangenextrakt und den Puderzucker miteinander vermengen. Dann gerade genug Crème double dazugeben, damit die Füllung zwar relativ fest, aber trotzdem streichfähig ist.
4. Immer jeweils zwei Kekse nehmen, die ungefähr dieselbe Größe haben. Einen Esslöffel Füllung auf den unteren Keks geben, den anderen dann darauflegen und behutsam andrücken, jedoch nicht so fest, dass die Füllung herausquillt. Beiseitelegen und diesen Vorgang mit den übrigen Keksen und der restlichen Füllung wiederholen.

MANDALORIANISCHER UJ-KUCHEN

Dieser süße, klebrige Kuchen namens Uj'alayi ist eine traditionelle mandalorianische Nachspeise. Das geheime Rezept hierfür wird seit jeher von einer Generation an die nächste weitergegeben. (Es steht mir nicht frei, darüber zu reden, wie es den Weg in meine Küche fand.) Dieser mit Trockenfrüchten und Nüssen gefüllte Kuchen besitzt eine besonders dichte Textur. Glücklicherweise sorgt der würzige Sirup, mit dem er durchtränkt ist, dafür, dass der Kuchen schön saftig bleibt. Damals, in ihrer Blütezeit, reichten die Mandalorianer Uj-Kuchen bei nahezu jeder Gelegenheit, von Clan-Versammlungen bis hin zu Siegesfeiern. Ja angeblich hatten mandalorianische Krieger sogar Stücke dieses Kuchens in den unzähligen Fächern und Taschen ihrer Rüstungen verstaut, wenn sie in die Schlacht zogen. Vielleicht heißt es deshalb, dass Mandalorianer sehr an ihren Waffen kleben!

ZUTATEN

- BUTTER ZUM EINFETTEN
- 250 G WALNÜSSE, GEHACKT
- 40 G GANZE HASELNÜSSE
- 30 G MANDELSPLITTER
- 100 G GEMISCHTE KANDIERTE FRÜCHTE
- 200 G GOLDENE ROSINEN
- 100 G GETROCKNETE FEIGEN, GEWÜRFELT
- 50 G GETROCKNETE JOHANNISBEEREN
- 50 G GETROCKNETE KIRSCHEN
- 2 GEHÄUFTE ESSLÖFFEL GEWÜRFELTER KANDIERTER INGWER
- ½ TEELÖFFEL GEMAHLENER ZIMT
- ¼ TEELÖFFEL GEMAHLENE MUSKATBLÜTE
- PRISE PFEFFER
- PRISE CURRYPULVER
- PRISE SALZ
- 90 G MEHL
- 250 G HONIG
- 250 ML GRANATAPFEL- ODER DATTELSIRUP
- 2 ESSLÖFFEL BUTTER
- PUDERZUCKER, ALS GARNITUR

VORBEREITUNG: 20 MINUTEN
BACKZEIT: 40 MINUTEN
ABKÜHLZEIT: 45 MINUTEN
ERGIBT: UNTERSCHIEDLICH
SCHWIERIGKEIT: MITTEL

1. Den Backofen auf 150° C vorheizen und eine runde Kuchenspringform (ca. 20 cm Ø) mit Backpapier auslegen. Dann sowohl das Backpapier als auch die Seiten der Form einfetten.
2. In einer großen Schüssel die Walnüsse, die Haselnüsse, die Mandelsplitter, die kandierten Früchte, die Rosinen, die Feigen, die Johannisbeeren, die Kirschen, den kandierten Ingwer, den Zimt, die Muskatblüte den Pfeffer, das Currypulver und das Mehl mit einer Prise Salz vermengen. Alles gut vermischen; dabei Klumpen zusammenklebender Früchte oder übergroße Nussstücke aufbrechen und zerkleinern. Beiseitestellen.
3. In einem Topf bei mittlerer Hitze den Honig, den Sirup und die Butter vermischen. Zum Kochen bringen und so lange einkochen lassen, bis die Masse laut Zuckerthermometer eine Temperatur von ca. 120° C besitzt. Vom Herd nehmen und in die Schüssel mit den Nüssen und den Früchten gießen. Alles gründlich und schnell vermengen, um sicherzugehen, dass das Mehl komplett aufgenommen wurde und die Mischung gleichmäßig mit Zucker überzogen ist. Dann alles in die Springform kratzen. Mit angefeuchteten Fingern fest am Boden andrücken. Ca. 40 Minuten backen, bis sich der Kuchen größtenteils gesetzt hat.
4. Wenn ihr den Kuchen aus dem Ofen nehmt, wirkt er vielleicht nicht fest genug, doch das täuscht. Lasst ihn einfach 45 Minuten ruhen, ehe ihr mit einem Messer am Rand der Form entlangfahrt, um ihn abzulösen Dann behutsam auf eine mit Backpapier ausgelegte Oberfläche stürzen. Mit Frischhaltefolie umwickelt ist Uj-Kuchen bei Zimmertemperatur mehrere Monate haltbar. Zum Servieren in schmale Keile schneiden.

Hinweis: Die Zutaten für dieses Rezept sind zwar allgemein erhältlich, doch natürlich steht es euch frei, hierfür die Dinge zu verwenden, die euch zur Verfügung stehen. Wichtig ist letztlich nur, dass das Verhältnis von ca 250 g Nüssen auf ca. 500 g Trockenfrüchte gewahrt bleibt.

SÜSSSANDKEKSE

Ganz egal, von welchem Planeten man stammt oder wo einen die Reise hingeführt hat – es gibt etwas, das uns alle miteinander verbindet: die Begeisterung für frisch gebackene Kekse! Der Duft von einem Schwung Süßsandkekse, die gerade aus dem Ofen kommen und nur darauf warten, verspachtelt zu werden, ist einfach etwas ganz Besonderes. Dabei hat jede Spezies ihre eigene Art, diesen Klassiker zuzubereiten. Ob ihr's glaubt oder nicht, dieses Rezept stammt von einem umprogrammierten Kampfdroiden namens Roger, der Maz' Burg damals zusammen mit seiner Menschenfamilie einen Besuch abgestattet hat. (Lange Geschichte.) Doch egal, woher die Rezeptur letztlich auch stammt, das Resultat ist immer dasselbe: Sobald ich ein Tablett hiervon auf den Tisch stelle, können sich selbst die härtesten Gangster ein Lächeln nicht verkneifen!

ZUTATEN

KEKSE:

- 120 G BUTTER
- 125 G KRISTALLZUCKER
- 50 G MANDELMEHL
- 1 EI
- PRISE VANILLEPULVER
- 180 G MEHL SOWIE NOCH ETWAS MEHR ZUM BESTÄUBEN
- MANDELSPLITTER, ALS GARNITUR

TOPPING:

- 60 G CHRISTOPHSIANISCHER ZUCKER (SEITE 38)
- 1 ESSLÖFFEL ROHRZUCKER
- 1 ESSLÖFFEL MANDELMEHL
- ½ TEELÖFFEL GEMAHLENER ZIMT
- 2 ESSLÖFFEL CRÈME DOUBLE

VORBEREITUNG: 10 MINUTEN
KÜHLZEIT: 30 MINUTEN
BACKZEIT: 10 MINUTEN
ERGIBT: CA. 2 DUTZEND KEKSE
SCHWIERIGKEIT: MITTEL

1. Zwei Backbleche mit Backpapier auslegen und beiseitestellen.
2. Die Butter und den Zucker aufschlagen, gefolgt vom Mandelmehl, dem Ei und der Vanille. Nach und nach das Mehl hinzufügen, bis der Teig nicht mehr klebrig ist und sich zusammenzieht.
3. Auf einer leicht mit Mehl bestreuten Oberfläche ca. 4 bis 8 mm dünn ausrollen und zu runden Scheiben schneiden. Nach Belieben Mandelsplitter oben in einige der Kekse stecken. Auf das vorbereitete Backblech geben und für mindestens 30 Minuten in den Gefrierschrank stellen.
4. Kurz vor dem Backen den Ofen auf 175° C vorheizen. Die Kekse dann ca. 10 Minuten backen bzw. so lange, bis sie auf der Unterseite und an den Seiten allmählich braun werden.
5. Während die Kekse backen, die Süßsandmischung zubereiten. Hierzu den Zucker, den Rohrzucker, das Mandelmehl und den Zimt miteinander vermengen.
6. Sind die Kekse fertig gebacken, ca. 1 Minute abkühlen lassen, dann die warmen Kekse mit der Sahne bepinseln und die eingepinselten Kekse danach sofort in die Süßsandmischung tauchen. Allen Überschuss abklopfen und die Kekse beiseitestellen, um vollständig abzukühlen.

CORELLIANISCHE RYSHCATE-KÜCHLEIN

Auch wenn ich es hasse, das zu sagen: Auf Corellia gibt es wenig Grund zu feiern. Ich bin mir sicher, dass Corellia einst ein hübscher Planet war, doch das, was er mal an Charme besaß, wurde schon vor langer Zeit unter einer dicken Schicht der Abgase begraben, die die geschäftigen Schiffswerften dort produzieren. Und auch, wenn die Corellianer heute vor allem als fähige Raumschiffbauer bekannt sind, sind einige Angehörige der älteren Generation ebenso talentierte Bäcker. Eine ihrer angesehensten Schöpfungen sind die Ryshcate-Küchlein, luftige Blätterteigkreationen mit Nüssen und durchtränkt mit corellianischem Whiskey. Ursprünglich wurden diese Küchlein traditionell zu Feierlichkeiten gereicht, doch großer Beliebtheit erfreuten sie sich auch bei Corellianern, denen es zwar gelungen war, in klarere Himmel zu entkommen, die sich aber trotzdem nach einem Stück Heimat verzehrten. Soweit es mich betrifft, braucht es eigentlich keinen besonderen Anlass, um dieses Dessert zu genießen. Aber wenn es euch so geht wie mir, feiert ihr wahrscheinlich schon allein den Umstand, dass ihr nicht extra nach Corellia reisen müsst, um das eine oder andere Ryshcate-Küchlein zu verdrücken.

ZUTATEN

- 500 G TK-BLÄTTERTEIG, AUFGETAUT
- 50 G WALNÜSSE
- 60 G GOLDENE ROSINEN
- 30 G GESCHÄLTE PISTAZIEN
- 90 G ROHRZUCKER
- 2 ESSLÖFFEL BUTTER, AUFGEWEICHT
- 1 ESSLÖFFEL HONIG
- 1 TEELÖFFEL GEMAHLENER ZIMT
- ½ TEELÖFFEL GEMAHLENER KARDAMOM
- 2 ESSLÖFFEL MEHL SOWIE NOCH ETWAS MEHR ZUM BESTÄUBEN
- PRISE SALZ
- 1 TEELÖFFEL WHISKEY ODER BRANDY
- CRÈME DOUBLE, ZUM GLASIEREN

VORBEREITUNG: 20 MINUTEN
BACKZEIT: 25 MINUTEN
ERGIBT: 6 KÜCHLEIN
SCHWIERIGKEIT: MITTEL

1. Den Backofen auf 200° C vorheizen und ein Backblech mit Backpapier auslegen.
2. Auf einer leicht mit Mehl bestreuten Oberfläche den Blätterteig ausbringen und locker ausrollen. In 12 gleich große Stücke schneiden. Sechs dieser Stücke auf das Backblech geben, dann mit einem scharfen Messer kleine, dekorative Schnitte in die übrigen sechs Stücke schneiden; die Ränder dabei unbedingt intakt lassen!
3. Die Walnüsse, die Rosinen, die Pistazien, den Rohrzucker, die Butter, den Honig, den Zimt, den Kardamom, das Mehl und das Salz in die Schüssel einer Küchenmaschine geben. So lange durcharbeiten, bis die Mischung sehr fein ist, dann in eine kleine Schüssel füllen und den Whiskey einrühren.
4. Um die Küchlein zusammenzufügen, die Füllung gleichmäßig auf die »undekorierten« Blätterteigstücke auf dem Backblech streichen; dabei jeweils ca. 6 mm Teig rings um den Rand jedes Stücks aussparen. Die verzierten Blätterteigstücke oben drauflegen und die Ränder mit den Zinken einer Gabel fest zusammendrücken.
5. Mit etwas Crème double bepinseln und ca. 25 Minuten backen, bis der Blätterteig fluffig und goldbraun ist.

KESHIANISCHE WÜRZKRINGEL

Mein großartiger, viel zu früh verblichener Souschef Robbs Ely war ein ziemlich verschlossener Bursche, der seine Rezepte am liebsten für sich behielt. Das hinderte ihn allerdings nicht daran, dir umgehend mitzuteilen, dass selbst deine besten Versuche gemessen an seinen lächerlichen Standards gänzlich ungenügend waren. Doch so lange seine Einstellung dafür sorgte, dass das Essen besser wurde, tolerierte ich sein Verhalten. Und das zahlte sich praktisch immer aus. So wie dieses eine Mal, als ich gerade einen einfachen Teig zusammenrührte, als Robbs mir angewidert die Schüssel und den Schneebesen aus der Hand riss. Er fügte dem Teig einen Schwung ungewöhnlicher Gewürze hinzu, die ihn knallviolett färbten. Ich war drauf und dran, ihn auf der Stelle zu feuern – bis er den Ofen aufmachte und mir mit die besten Keshianischen Würzkringel präsentierte, die ich je gegessen habe. Seine Kringel schmeckten nach einem Hauch von Zitrus und Ingwer und hatten eine köstliche, würzige Füllung, und bis zum heutigen Tag kann ich nicht anders, als an diesen elenden alten Moofmelker zu denken und zu lächeln, wann immer ich eine dieser Leckereien genieße.

ZUTATEN

KRINGEL:

1 MITTELGROSSE ROTE BETE (CA. 250 G)
60 ML WASSER
125 G KRISTALLZUCKER
1 EI, LOCKER AUFGESCHLAGEN
240 ML BUTTERMILCH
2 ESSLÖFFEL GESCHMOLZENE BUTTER
2 TEELÖFFEL INSTANT-TROCKENHEFE
1 TEELÖFFEL SALZ
540 G MEHL SOWIE NOCH ETWAS MEHR ZUM BESTÄUBEN
KOCHSPRAY ODER BUTTER ZUM EINFETTEN

FÜLLUNG:

125 G ROHRZUCKER
1 ESSLÖFFEL GEMAHLENER ZIMT
1 TEELÖFFEL GERIEBENER INGWER
½ TEELÖFFEL GEMAHLENER KARDAMOM
1 ESSLÖFFEL MEHL
5 ESSLÖFFEL BUTTER, AUFGEWEICHT

GLASUR:

75 G PUDERZUCKER
½ TEELÖFFEL ORANGENEXTRAKT
60 G CRÈME DOUBLE ODER NACH BEDARF

VORBEREITUNG: 1½ STUNDEN
AUFGEHZEIT: 1½ STUNDEN
BACKZEIT: 20 MINUTEN
ERGIBT: CA. 2 DUTZEND KRINGEL
SCHWIERIGKEIT: MITTEL

1. Die Kringel zubereiten: Den Backofen auf 190° C vorheizen. Die Rote Bete in Alufolie wickeln und ca. 1 Stunde im Ofen garen, bis sie sehr weich ist. Schälen und in einer großen Schüssel grob zermatschen. In dieselbe Schüssel das Wasser, den Zucker, das Ei, die Buttermilch und die geschmolzene Butter geben. Mit einem Pürierstab so lange pürieren, bis keine großen Stücke mehr übrig sind. Nun die Hefe und das Salz hinzufügen, dann nach und nach das Mehl einarbeiten (immer ca. 100 g zurzeit), bis der Teig nicht mehr allzu klebrig ist. Den Teig auf einer leicht mit Mehl bestreuten Oberfläche ausbringen und einige Minuten kneten, bis er weich und geschmeidig ist. Den Teig in eine saubere, leicht eingefettete Schüssel geben, mit Frischhaltefolie abdecken und an einem warmen Ort ca. 1 Stunde gehen lassen bzw. so lange, bis der Teig doppelt so groß ist wie zuvor.
2. Die Füllung zubereiten: Während der Teig aufgeht, in einer kleinen Schüssel den Rohrzucker, den Zimt, den Ingwer, den Kardamom und das Mehl miteinander vermischen und beiseitestellen. Ein Backblech mit hohem Rand leicht einfetten. Sobald der Teig soweit ist, zu einem großen Rechteck von ungefähr 30 x 60 cm ausrollen. Den Teig gleichmäßig mit der aufgeweichten Butter bestreichen, dann die Füllung ebenso gleichmäßig darüber verteilen. Den Teig von einem Ende zum anderen der Länge nach zu einer Röhre rollen. In ca. 2,5 cm breite Scheiben schneiden und diese auf das vorbereitete Backblech legen. Ca. 30 Minuten aufgehen lassen, bis der Teig fluffig und weich ist. Den Backofen auf 190° C vorheizen, dann ca. 20 Minuten backen, bis die Kringel oben goldbraun sind. Die Kringel anschließend mindestens 20 Minuten abkühlen lassen, während ihr die Glasur zubereitet.
3. Die Glasur zubereiten: In einer kleinen Schüssel den Puderzucker, das Orangenextrakt und gerade genug Crème double miteinander verrühren, damit die Glasur zwar dickflüssig ist, aber noch gut geträufelt werden kann. Unmittelbar vor dem Servieren über die abgekühlten Würzkringel geben.

MIMBANESISCHE SCHLAMMRUTSCHE

Ich war einmal auf Mimban, und dieses eine Mal hat mir vollauf genügt. Ganz ehrlich: Diese Welt hat nicht viel mehr zu bieten als jede Menge Schlamm. Und obwohl Schlamm nicht gerade zu den Zutaten gehört, die einem das Wasser im Mund zusammenlaufen lassen, diente er mir dennoch als Inspiration für diesen üppigen, cremigen Pudding. Ja, ich weiß, Pudding ist nicht gerade ein Gourmetessen – aber ich verspreche euch, dass es sich hierbei nicht um dieselbe zuckersüße Pampe handelt, die sie einem als billige Fertigration im lokalen Handelsdepot verkaufen! Dieser Pudding ist vollkommen natürlich und kombiniert einige ungewöhnliche Zutaten, die ihm eine samtige Geschmeidigkeit und ein fruchtbares, erdiges Aroma verleihen, das selbst den Mimbanern gefallen würde. Trotzdem sehe ich keinen Grund dafür, nochmal auf die Welt zurückzukehren, der dieses Dessert seinen Namen verdankt. Aber falls ich je auf einen Planeten stoße, der mit Schlamm wie diesem bedeckt ist, könnt ihr darauf wetten, dass ich nie wieder von dort weggehe!

ZUTATEN

500 ML MILCH
1 BEUTEL EARL GREY-TEE
60 G KRISTALLZUCKER
45 G ROHRZUCKER
30 G DUNKLES KAKAOPULVER
¼ TEELÖFFEL SALZ
½ TEELÖFFEL GEMAHLENER ZIMT
½ TEELÖFFEL VANILLEEXTRAKT
2 ESSLÖFFEL SPEISESTÄRKE
SCHLAGSAHNE, ALS GARNITUR
150 G ZERBRÖSELTE SCHOKOLADENKEKSE, ALS GARNITUR
NEKTROSEKRISTALLE (SEITE 39), ALS GARNITUR

ZUBEREITUNG: 15 MINUTEN
ABKÜHLZEIT: 1 STUNDE (OPTIONAL)
ERGIBT: 4 PORTIONEN
SCHWIERIGKEIT: EINFACH

1. 240 ml der Milch mit dem Teebeutel, dem Kristallzucker und dem Rohrzucker bei mittlerer Hitze in einem kleinen Topf vermischen.
2. Soweit erwärmen, dass die Milch zwar dampft, aber nicht kocht. Dann vom Herd nehmen und 5 Minuten ziehen lassen.
3. Den Teebeutel herausnehmen. Anschließend den Kakao, das Salz, den Zimt und die Vanille in die Flüssigkeit einquirlen.
4. In einer kleinen Schüssel die restliche Milch und die Speisestärke miteinander verquirlen. Diese Mischung unter beständigem Quirlen in die warme Milch einarbeiten. Den Topf wieder auf den Herd stellen und nochmal ca. 1 Minute köcheln lassen, bis das Ganze merklich eingedickt ist.
5. Vom Herd nehmen und in eine saubere Schüssel gießen.
6. Entweder warm genießen oder mit Frischhaltefolie abdecken und im Kühlschrank kaltstellen. Unmittelbar vor dem Servieren nach Belieben Schlagsahne darauf geben und mit den zerbröselten Schokoladenkeksen und Nektrosekristallen bestreuen.

NEKTROSE-EIS

Ob ihr's glaubt oder nicht: Viele Leute jenseits der Kernwelten haben noch nie Sahneeis gegessen. Ich schätze, Eis ist so etwas wie ein Luxusgut in einer Galaxis, in der es schon seit langer Zeit nicht mehr sonderlich luxuriös zugeht. Wenn ich mit meinem Foodfrachter zu neuen Planeten aufbreche, sorge ich immer dafür, ein paar zusätzliche Gallonen in meinem Tiefkühlcontainer mitzunehmen, damit ich mir die Gesichter der Einheimischen ansehen kann, wenn sie das erste Mal Eis essen. Im Laufe der Jahre habe ich viele verschiedene Geschmackssorten hergestellt und dabei alles Mögliche als Basis benutzt, von Bantha-Milch bis zu Numina-Sahne. Heutzutage ziehe ich es allerdings vor, eine vergleichsweise schlichte, milchfreie Variante zuzubereiten, die ich mit Nektrosekristallen (Seite 39) aromatisiere, um dem Ganzen ein bisschen zusätzlichen Pepp zu verleihen. Dieses Eis ist so unglaublich köstlich, dass ich sogar einen ganzen Schwung davon an eine Forschungsexpedition auf Vandor verkauft habe. (Und wenn es um etwas Kaltes geht, sind diese Typen nun mal die absoluten Experten!)

ZUTATEN

- 400 ML GESÜSSTE KONDENSMILCH
- 1 TEELÖFFEL VANILLEEXTRAKT
- 80 ML OLIVENÖL
- 450 G SCHLAGSAHNE
- GOLDFLECHTENWAFFEL (SEITE 37), ALS GARNITUR (OPTIONAL)
- NEKTROSEKRISTALLE (SEITE 39), ALS GARNITUR

VORBEREITUNG: 10 MINUTEN

GEFRIERZEIT: 6 STUNDEN

ERGIBT: 6 GROSSE PORTIONEN

SCHWIERIGKEIT: EINFACH

1. In einer mittelgroßen Schüssel die gesüßte Kondensmilch, das Vanilleextrakt und das Olivenöl miteinander vermengen.
2. In einer großen Schüssel die Crème double verquirlen, bis sich steife Spitzen bilden. Etwas weniger als die Hälfte der Schlagsahne in die Kondensmilch-Mischung einrühren, dann alles unter die übrige Schlagsahne heben. Für mindestens 6 Stunden ins Gefrierfach geben.
3. Zusammen mit einer Goldflechtenwaffel und Nektrosekristallen servieren.

KOWAKIANISCHER KRÜMELKUCHEN

Es gibt nur eins, das eine Küche noch schlimmer verunstaltet als ein Selbstmorddroide: ein kowakianischer Echsenaffe. Wenn eins dieser kleinen Monster in eurem Allerheiligsten Amok läuft, verwüstet es nicht bloß euren Arbeitsplatz, sondern lacht euch dabei auch noch die ganze Zeit über frech ins Gesicht. Aus irgendeinem Grund hielten sich viele Piraten, die regelmäßig in Maz' Burg vorbeischauten, diese verfluchten Biester als Haustiere. Werden sie von der Leine gelassen – was die Piraten *immer* taten –, folgte zwangsläufig völliges Chaos. Glücklicherweise stellte ich während einer ganz besonders verheerenden Randale fest, dass kowakianische Echsenaffen auf die Gewürzmischung in meinem Krümelkuchen abfahren. Vielleicht lag's auch an dem Beerenstrudel. Na, jedenfalls gelang es mir, eins dieser Scheusale mit einem großen Suppentopf einzufangen, als das Biest gerade innehielt, um einen ganzen Kuchen zu verschlingen. Und wenn mir dieses Zuckergebäck nicht gerade als Echsenaffen-Köder dient, eignet es sich ähnlich hervorragend dazu, Gäste anzulocken, die nicht ganz so zerstörerisch drauf sind.

ZUTATEN

VORBEREITUNG: 15 MINUTEN
BACKZEIT: 35 MINUTEN
ERGIBT: 1 KUCHEN, CA. 8 PORTIONEN
SCHWIERIGKEIT: MITTEL

TOPPING:

- 80 G KRISTALLZUCKER
- 135 G ROHRZUCKER
- 1 TEELÖFFEL GEMAHLENER ZIMT
- ½ TEELÖFFEL GERIEBENER INGWER
- 120 G BUTTER, GESCHMOLZEN, SOWIE NOCH ETWAS MEHR ZUM EINFETTEN
- BURGUNDERROTE GEL-LEBENSMITTELFARBE
- 150 G MEHL

KUCHEN:

- 6 ESSLÖFFEL BUTTER, AUFGEWEICHT
- 120 G KRISTALLZUCKER
- 1 EI
- 1 TEELÖFFEL VANILLEEXTRAKT
- 120 ML BUTTERMILCH
- ¼ TEELÖFFEL BACKNATRON
- ¼ TEELÖFFEL SALZ
- 180 G MEHL
- 140 G FRISCHE BLAUBEEREN

GLASUR:

- 75 G PUDERZUCKER
- SPRITZER ORANGENEXTRAKT
- 1 BIS 2 ESSLÖFFEL CRÈME DOUBLE

1. Das Topping zubereiten: Den Kristallzucker, den Rohrzucker, den Zimt, den Ingwer, die geschmolzene Butter und die Lebensmittelfarbe in einer mittelgroßen Schüssel vermengen. Das Mehl hinzufügen und durcharbeiten, bis das Ganze die Konsistenz von Paniermehl hat. Zum Abkühlen beiseitestellen.
2. Den Kuchen zubereiten: Den Backofen auf 160° C vorheizen. Eine quadratische Backform (ca. 20 x 20 cm) leicht einfetten und mit Backpapier auslegen.
3. In einer großen Schüssel die Butter, den Zucker, das Ei und die Vanille zusammen schlagen, bis eine cremige, glatte Masse entsteht. Die Buttermilch hinzufügen, dann das Backnatron und das Salz. Zuletzt das Mehl dazugeben und durcharbeiten, bis ihr einen zähen, festen Teig habt. Die Blaubeeren einrühren und den Teig in die Form geben. Gleichmäßig das Krümeltopping darüberstreuen und ca. 35 Minuten backen, bis an einem Zahnstocher, den man in die Mitte pikst, beim Herausziehen nichts mehr klebt. Vollständig abkühlen lassen.
4. Die Glasur zubereiten: Während der Kuchen abkühlt, den Puderzucker, das Orangenextrakt und gerade genug Sahne miteinander verrühren, damit das Ganze eine dickflüssige Konsistenz hat. Den abgekühlten Kuchen mit der Glasur beträufeln.

ZOOCHBEEREN-TORTE

Früher waren Zoochbeeren eine ziemlich gewöhnliche Zutat; sie wuchsen auf zahlreichen Welten und wurden in etlichen Gerichten verwendet. Doch im Laufe der Jahre verlor dieses einstige Grundnahrungsmittel ein bisschen seinen Reiz, als auf den Planeten im Outer Rim dank der Hyperraumhandelsrouten neben den lokalen Produkten mit einem Mal auch Hunderte verschiedene Arten seltener, exotischer Beeren verfügbar wurden. Plötzlich war die gute, alte Zoochbeere nichts Besonderes mehr, und die Leute hörten auf, sie anzubauen. Dies führte zu einem exorbitanten Preisanstieg für Beeren, die sonst zu den günstigsten auf dem Markt gehörten. Wenn heutzutage jemand mit einem Faible für Zoochbeeren seine Geschmacksknospen auf eine Reise in die Vergangenheit schicken will, serviere ich ihm diese cremige Kreation. Diese Torte ist süß, saftig und so vollgestopft mit Aroma, dass die meisten Leute nicht einmal merken, dass keine einzige Zoochbeere darin steckt. Überraschung!

ZUTATEN

KRUSTE:

- 200 G ZERBRÖSELTE SCHOKOLADENKEKSE
- 2 ESSLÖFFEL ROHRZUCKER
- 120 G BUTTER, GESCHMOLZEN

FÜLLUNG:

- 220 G CRÈME DOUBLE
- 500 G FRISCHKÄSE, AUFGEWEICHT
- 75 G PUDERZUCKER
- SPRITZER VANILLEEXTRAKT
- ½ TEELÖFFEL ZITRONENSAFT

VORBEREITUNG: 15 MINUTEN
ZUBEREITUNG: 15 MINUTEN
ABKÜHLZEIT: 2 STUNDEN
ERGIBT: UNTERSCHIEDLICH
SCHWIERIGKEIT: SCHWIERIG

SOSSE:

- 300 G GEMISCHTE BEEREN, Z. B. BLAUBEEREN, ERDBEEREN UND HIMBEEREN, SOWIE NOCH ETWAS MEHR ALS GARNITUR
- 60 G KRISTALLZUCKER
- 1 TEELÖFFEL ZITRONENSAFT
- 1 ESSLÖFFEL BALSAMICO-ESSIG
- ½ TEELÖFFEL GERIEBENER INGWER

1. Eine quadratische Backform (ca. 20 x 20 cm) mit Alufolie auslegen; dabei genügend Folie an den Seiten überstehen lassen, um das Dessert später zum Servieren problemlos aus der Form heben zu können.
2. Die Kruste zubereiten: In einer mittelgroßen Schüssel die Zutaten für die Kruste miteinander vermengen. Die Masse sollte ein bisschen feucht sein und in Form bleiben, wenn man sie eindrückt. Fest auf den Boden der Backform pressen.
3. Die Soße zubereiten: In einem mittelgroßen Topf bei mittlerer Hitze alle Zutaten miteinander vermischen und so lange köcheln lassen, bis die Beeren von allein auseinanderfallen (ca. 15 Minuten). In eine kleine Schüssel seihen und zum Abkühlen in den Kühlschrank stellen.
4. Die Füllung zubereiten: In einer kleinen Schüssel die Crème double schlagen, bis sich steife Spitzen bilden, dann beiseitestellen. In einer mittelgroßen Schüssel den Frischkäse, den Puderzucker, die Vanille und den Zitronensaft zusammen schlagen. Ein Drittel der Schlagsahne in diese Mischung rühren, dann behutsam die übrige Schlagsahne unterheben. Diese Mixtur über die Kruste in die Backform gießen und beiseitestellen. Sobald die Beerensoße abgekühlt ist, diese vorsichtig über die Sahneschicht gießen. Mit einem Bambusspieß oder einem Buttermesser dekorative Muster in die Oberseite des Desserts »malen«. Anschließend für mindestens zwei Stunden in den Kühlschrank stellen. Zum Servieren vorsichtig aus der Form heben und in Rechtecke schneiden. Mit frischen Beeren garnieren.

TEPASI-TOFFEE

Im Laufe all der Jahre, die ich in Maz' Burg gearbeitet habe, bin ich einigen der talentiertesten Schmuggler und berüchtigtsten Piraten begegnet, die je die Hyperraumrouten unsicher machten. Oh, und Hondo Ohnaka habe ich ebenfalls kennengelernt. Dieser Weequay-Pirat ist vielleicht kein ganz so legendärer Gauner, wie er immer behauptete, aber auch er hatte seine kurzen Momente des Ruhms. So wie dieses eine Mal, als Maz Hondo, als er wieder einmal mit großen Worten von seinen ultraspektakulären Schurkentaten berichtete, entnervt anbrüllte und dabei jede einzelne Silbe seines Namens in die Länge zog wie Tepasi-Toffee. Hab' mich 'ne ganze Woche vor Lachen kaum eingekriegt! Von da an habe ich stets eine Schüssel mit dieser Süßigkeit auf die Theke gestellt, wann immer Hondo auf Takodana angedockt hat. Ich dachte mir, je besser ich dafür sorge, dass er etwas zwischen den Zähnen hat, das ihn am Aufschneiden hindert, desto weniger Stress würden Maz und er miteinander kriegen.

ZUTATEN

180 ML KOCHENDES WASSER
1 BEUTEL BLAUER TEE
250 G ZUCKER
3 ESSLÖFFEL HONIG
½ TEELÖFFEL GERIEBENER INGWER
½ TEELÖFFEL ORANGENEXTRAKT
½ TEELÖFFEL VANILLEEXTRAKT
2 ESSLÖFFEL BUTTER ZZGL. NOCH ETWAS MEHR ZUM STRECKEN
½ TEELÖFFEL KALA NAMAK (SCHWARZES SALZ)

ZUBEREITUNG: 10 MINUTEN
ZIEHZEIT: 15 MINUTEN
ERGIBT: UNTERSCHIEDLICH
SCHWIERIGKEIT: MITTEL

1. Das kochende Wasser in einem Becher über den Teebeutel gießen und ca. 5 Minuten ziehen lassen, bis der Tee eine schöne dunkelblaue Färbung angenommen hat. Den Teebeutel entsorgen. Ein Backblech mit einer Silikonmatte oder einem gut eingefetteten Stück Backpapier auslegen.
2. Den Tee, den Zucker, den Honig, den Ingwer, das Orangen- und das Vanilleextrakt sowie die Butter in einem mittelgroßen Kochtopf miteinander vermengen. Bei mittlerer bis großer Hitze auf den Herd stellen und so lange erhitzen, bis die Temperatur der Mischung 125° C erreicht.
3. Die Mischung auf das vorbereitete Backblech gießen und mit dem schwarzen Salz besprenkeln. Die heiße Masse vorsichtig etwas auf dem Backblech hin und her bewegen, damit sie ein bisschen abkühlt.
4. Sobald die Masse soweit abgekühlt ist, dass man sie weiterverarbeiten kann, fettet eure Hände mit Butter ein, um zu vermeiden, dass das Toffee daran klebenbleibt. Das Toffee mit den Fingern in die Länge ziehen und dabei um die eigene Achse verzwirbeln. Nach ca. 10 Minuten sollte das Toffee merklich heller und fester geworden sein.
5. Sobald die Toffeemasse von allein in Form bleibt, mit einem eingefetteten Messer oder einer eingefetteten Schere in mundgerechte Stücke schneiden.
6. Sofort genießen oder in Bonbonpapier einwickeln und bis zum Verzehr in einem luftdichten Behältnis lagern. Bis zu einer Woche haltbar.

GETRÄNKE

Ich mag vielleicht ein Jahrhundert lang Essen in Maz' Küche auf Takodana zubereitet haben, aber in all diesen Jahren habe ich nicht wirklich viel Zeit hinter der Bar verbracht. Dieses besondere Vergnügen habe ich lieber Leuten wie meinem guten, alten Kumpel Bragthap überlassen, der die grenzenlose Geduld besaß, die nötig ist, um mit unserer üblichen Klientel aus Taugenichtsen zurechtzukommen. Doch auch, wenn ich die Drinks nicht selbst gemixt habe, weiß jeder gute Chefkoch, dass selbst das beste Essen ohne einen ordentlichen Schluck, um alles runterzuspülen, bloß die halbe Miete ist.

Als ich in meinem Foodfrachter durchs Outer Rim zu reisen begann, wurde mir schnell klar, dass die Leute darauf angewiesen sind, dass ich sie mit Essen und Trinken versorge, deshalb habe ich meine Speisekarte um einige beliebte Getränke erweitert. Allerdings verstehe ich mich einfach viel besser auf den Umgang mit Fleisch als mit schicken Cocktails, wenn euch der Sinn also nach etwas mit ein bisschen mehr Flair steht, schaut lieber in einer lokalen Cantina vorbei. Ich achte immer darauf, mit meinem Frachter so dicht wie möglich bei der nächstgelegenen Kneipe anzudocken. Zum Dank für die extra Gäste, die ihnen das beschert, haben einige der Barkeeper auf den Welten, auf denen ich zu Besuch war, mir einige ihrer Lieblingsrezepte verraten. Es spricht also nichts dagegen, wenn ihr ein paar Credits spart und dem Gedränge in den Cantinas fernbleibt, um die folgenden Drinks in der Behaglichkeit eures eigenen Zuhauses zuzubereiten.

MOOGA-TEE

Lasst euch nicht von der feschen Markenwerbung zum Narren halten: Mooga-Tee gab es schon, lange bevor die Ardees-Braugesellschaft das Rezept schützen ließ und versuchte das »beliebteste Getränk der Galaxis« fortan exklusiv zu vertreiben. Tatsächlich ist es schon fast zu einfach, sich für ein paar Credits eine Flasche hiervon zu besorgen (oder eine Dose, falls ihr die Sprudelvariante vorzieht.) Aber wenn euch der Sinn nach richtigem Mooga-Tee steht, so wie wir ihn früher getrunken haben, bevor die Handelsgilde ihre schmutzigen Finger in das Konzentrat steckte, bittet einfach einen guten Barkeeper darum, euch einen zuzubereiten – allerdings so unauffällig wie möglich. Solange keine Überwachungsdroiden des Unternehmens zugegen sind, wird man euch mit Freuden einen hübschen, duftenden Becher aufbrühen, und zwar so, wie dieser Tee eigentlich sein sollte. Klar, allein schon dadurch, dass ihr euch ein Schlückchen gönnt, lauft ihr Gefahr, dass man euch wegen des Verstoßes gegen galaktische Markenschutzrechte drankriegt. Aber etwas zu genießen, das so köstlich ist wie das hier, ist dieses Risiko meiner Ansicht nach allemal wert.

ZUTATEN

300 ML UNGESÜSSTER EISTEE (FERTIG)
240 ML SCHOKOLADENMILCH
50 ML MOOGANISCHER WÜRZSIRUP (SEITE 33)
120 G CRÈME DOUBLE
30 ML FALERNUM-SIRUP
1 ESSLÖFFEL CHRISTOPHSIANISCHER ZUCKER (SEITE 38), VERMISCHT MIT ½ TEELÖFFEL GEMAHLENEM ZIMT, ZUM BESPRENKELN

VORBEREITUNG: 5 MINUTEN
ERGIBT: 2 PORTIONEN
SCHWIERIGKEIT: MITTEL

1. Den Eistee, die Schokoladenmilch und den Mooganischen Würzsirup in einem kleinen Krug vermischen und bis zur Verwendung in den Kühlschrank stellen.
2. In einer kleinen Schüssel die Crème double schlagen, bis sich steife Spitzen bilden, dann den Falernum-Sirup dazugeben und weiterschlagen, bis alles gleichmäßig miteinander vermengt ist.
3. Zum Servieren zwei hohe Gläser zur Hälfte mit Eis füllen und die Teemischung gleichmäßig auf beide verteilen.
4. Mit der aromatisierten Schlagsahne krönen und etwas Christophsianischen Zucker darauf streuen.

CORUSCANT COOLER

Damals, vor den Tagen des Imperiums, galt die monströse Stadt, die die gesamte Oberfläche des Planeten Coruscant bedeckt, als kulturelles Zentrum der Galaxis. Nahezu eine Billion Bürger jeder erdenklichen Spezies, vom Kern bis zum Rim, nannten Coruscant ihr Zuhause, um dort ihre Kulturen und Gebräuche zu vermischen. Diese Vielfalt spiegelt sich auch in den komplexen Aromen eines der beliebtesten Drinks des Planeten wider: dem Coruscant Cooler, der fruchtigen Variante eines klassischen Cocktails. Es ist kein Wunder, dass sich dieses zeitlose Gesöff längst auch jenseits der grenzenlosen Skyline des Hauptstadtplaneten großer Beliebtheit erfreut.

VORBEREITUNG: 5 MINUTEN
ERGIBT: 1 PORTION
SCHWIERIGKEIT: EINFACH

ZUTATEN

90 ML PREISELBEERSAFT
60 ML BOURBON
30 ML LIMONENSAFT
15 ML SÜSSER WERMUT
SPRITZER SAUERKIRSCHSIRUP
LIMONENSPALTE, ALS GARNITUR

1. Den Preiselbeersaft, den Bourbon, den Limonensaft, den Wermut und den Sauerkirschsirup in einem Shaker schütteln. Einen einzelnen großen Eiswürfel in ein Whiskeyglas geben und die Mischung darüber gießen.
2. Mit einer Limonenspalte garnieren.

DAGOBAH-SCHNECKENSCHEUCHER

Wie der Name schon verrät, verdankt dieser spezielle Cocktail seine unvergleichliche Kräuternote dem klebrigen Schleim der Dagobah-Sumpfschnecke – oder zumindest dem alternativ verwendeten Dagobah-Schneckensirup (Seite 33), dessen Rezept ihr weiter vorne in diesem Buch findet. Ungeachtet seiner ausgeprägten blumigen Aromen ist der Dagobah-Schneckenscheucher nicht annähernd so sumpfig, wie man es von einem Drink, der ursprünglich von Dagobah stammt, vielleicht erwarten würde. Der Grund dafür ist die säuerliche Zitrusbasis, die den idealen Ausgleich zum süßen, kräuterhaltigen Schmodder der Schnecke bildet. Zudem übertünchen die kräftigen Aromen den stattlichen Alkoholgehalt des Gesöffs. Aber lasst euch davon nicht täuschen – dieser Cocktail haut einen schneller um, als ein Teräs Käsi-Meister!

ZUTATEN

150 ML LIMONENSAFT
60 ML ORANGENSAFT
30 ML DAGOBAH-SCHNECKENSIRUP (SEITE 33)
½ TEELÖFFEL BLUE CURAÇAO
60 ML TEQUILA
30 ML WASSER
ROSMARINZWEIG, ALS GARNITUR

VORBEREITUNG: 5 MINUTEN
ERGIBT: 1 PORTION
SCHWIERIGKEIT: MITTEL

1. Den Limonensaft, den Orangensaft, den Dagobah-Schneckensirup, den Blue Curaçao, den Tequila und das Wasser in einen Shaker geben und ein paar Mal kräftig schütteln, um alles gut zu vermischen.
2. In ein hohes Glas mit einigen Eiswürfeln geben und mit einem Rosmarinzweig garnieren.
3. Um dem Ganzen etwas mehr Stil zu verleihen, die Enden des Rosmarinzweigs anzünden, dann auspusten und ein bisschen schwelen lassen.

BLURRGFEUER

In der ganzen Galaxis gibt es keine andere Frucht, die auch nur annähernd so schmeckt wie die Zitrome. Das liegt nicht nur daran, weil ihr Saft zugleich süß und sauer ist, sondern ist ebenso dem Umstand geschuldet, dass mit diesem Geschmack eine wahre Schärfeexplosion einhergeht, die förmlich darum bettelt, gelöscht zu werden – vorzugsweise mit noch mehr köstlichem Zitromensaft! Zitromen taugen nur etwas, wenn sie frisch sind, und leider bleiben sie das nicht allzu lange. Wenn euer Zeitplan etwas enger gestrickt ist, solltet ihr daher nach Möglichkeit eine andere Option nutzen: Einer der Barkeeper in Ogas Cantina im Black Spire-Außenposten auf Batuu hat sich diese Geheimrezeptur von Säften und Gewürzen einfallen lassen, die das erfrischende Brennen der Zitrome perfekt nachahmt. Anfangs war ich skeptisch, ob das wirklich gelingt, aber sogar mein feiner Gaumen konnte keinen Unterschied feststellen.

ZUTATEN

LIMONE
ALAEA-SALZ
60 ML GRANATAPFELSAFT
15 ML LIMETTENSIRUP
120 ML LIMONADE, NACH BELIEBEN

VORBEREITUNG: 5 MINUTEN
ERGIBT: 1 PORTION
SCHWIERIGKEIT: EINFACH

1. Mit einem Stück Limone den Rand eines hohen Glases befeuchten. Den Glasrand dann in das Alaea-Salz drücken.
2. Das Glas zur Hälfte mit Eis füllen, dann die übrigen Zutaten darüber gießen.
3. Den Drink kurz umrühren, um alles gleichmäßig miteinander zu vermischen.

KLIPPENBEWOHNER

Der Planet Ahch-To besteht im Wesentlichen aus einem einzigen riesigen Ozean mit ein paar Felseninseln, die hier und da aus dem Wasser ragen. Ich nehme mal an, jeder, der hoch droben in diesen zerklüfteten Gipfeln sein Lager aufschlägt, tut das, weil er nicht gefunden werden will. Doch sogar auf einer abgeschiedenen Welt wie dieser besteht die Möglichkeit, dass jederzeit unerwartete Gäste auftauchen. Daher kann es nicht schaden, zu wissen, wie man einen köstlichen Drink mixt, um etwaigen Besuchern das Gefühl zu geben, willkommen zu sein. Der Klippenbewohner erfüllt genau diesen Zweck und besteht aus einfachen Zutaten, die man alle mühelos auf den Archipelen von Ahch-To findet. Tatsächlich lässt das überraschend tropische Aroma dieses Cocktails Ahch-Tos felsige Küsten fast paradiesisch wirken.

VORBEREITUNG: 5 MINUTEN
ERGIBT: 1 PORTION
SCHWIERIGKEIT: EINFACH

ZUTATEN

60 ML ORANGENSAFT
15 ML ANANASSAFT
30 ML LIMONENSAFT
30 ML GRENADINE
30 ML KOKOSMILCH
30 ML GINGER-ALE

1. Ein hohes Glas zur Hälfte mit grob zerstoßenem Eis füllen.
2. In einem Cocktailshaker den Orangensaft, den Ananassaft, den Limonensaft, die Grenadine und die Kokosmilch miteinander vermischen.
3. In das Glas füllen und mit Ginger-Ale aufgießen.

HYPERANTRIEB

Hin und wieder stößt man auf einen Drink, der die eigenen Geschmacksknospen in eine ganz neue Galaxis befördert. Mich jedenfalls katapultieren die kühnen, fruchtigen Aromen des Hyperantriebs jedes Mal in die Sphären reiner Glückseligkeit. In den Casinos von Canto Bight war dieser kräftige Punsch ein echter Renner – vielleicht, weil er den Gästen die Energie gab, die sie brauchten, um die ganze Nacht wach zu bleiben und ihre Credits zu verspielen. Bis irgendwer dahinterkommt, wie man eine essbare Variante von Coaxium herstellt, gibt es zu diesem Zweck vermutlich auch nichts Besseres. Glaubt mir: Schon ein kleiner Schluck genügt und ihr wollt am liebsten Vollgas geben!

VORBEREITUNG: 5 MINUTEN
ERGIBT: 1 PORTION
SCHWIERIGKEIT: EINFACH

ZUTATEN

45 ML WEISSER PREISELBEERSAFT ODER HELLER TRAUBENSAFT
90 ML BLAUES ISO-GETRÄNK MIT BEERENGESCHMACK
30 ML ZITRONENLIMONADE
30 ML SAUERKIRSCHSIRUP

1. Ein hohes Glas zur Hälfte mit grob zerstoßenem Eis füllen, dann den Saft und das Iso-Getränk hineingießen.
2. Mit der Limonade aufgießen, dann den Sauerkirschsirup darüber träufeln.
3. Mit einem Strohhalm servieren.

PHOTONENFIZZLE

Auf den schicken Raumyachten von Vandor wird euch mit Sicherheit kein Photonenfizzle serviert. Doch auch, wenn dieses beliebte Gesöff vielleicht nicht ganz so anspruchsvoll ist wie einige andere Cocktails in diesem Buch, erfüllt es in jedem Fall seinen Zweck! Damals, in den Tagen der Galaktischen Republik, fand man dieses kohlensäurehaltige Gebräu in den meisten Imbissen von Kernwelten wie Coruscant. Normalerweise wurde es schon fertig gemischt aus großen Fässern gezapft, sodass die WA-7-Servierdroiden einfach immer schön zügig nachschenken konnten. Dank der essbaren grünen Kügelchen, die darin schwimmen, erkennt man einen Photonenfizzle schon auf den ersten Blick. Mit ihrem Fruchtaroma verleihen diese Kügelchen dem Drink eine einzigartige Textur, die man nie wieder vergisst – nicht einmal, wenn man ein paar Runden zuviel davon hatte.

ZUTATEN

40 G UNGEKOCHTE GROSSE TAPIOKAPERLEN
1 PORTION DAGOBAH-SCHNECKENSIRUP (SEITE 33)
GRÜNE GEL-LEBENSMITTELFARBE
90 ML GIN
SAFT VON ½ FRISCHER LIMONE
120 ML INGWERBIER

VORBEREITUNG: 5 MINUTEN
ZIEHZEIT: 20 MINUTEN
ERGIBT: 1 PORTION
SCHWIERIGKEIT: EINFACH

1. Die Tapiokaperlen gemäß Packungsanleitung zubereiten. Dann mindestens eine Stunde in dem Schneckensirup und genügend Lebensmittelfarbe ziehen lassen, damit die Perlen die gewünschte Farbe annehmen.
2. Die – jetzt grünen – Tapiokaperlen auf den Boden eines hohen Glases geben.
3. Den Gin, den Limonensaft und 15 ml des Schneckensirups, in dem ihr die Perlen eingefärbt habt, zusammen mit etwas Eis in einen Shaker geben.
4. Ein paar Mal gut durchschütteln, um alles etwas abzukühlen, dann in das Glas seihen. Mit Ingwerbier aufgießen und genießen!

AKIVANISCHER LIKÖR

Heutzutage verwende ich bei meinen Rezepten nicht sonderlich viel Honig, da die Preise dafür in den meisten Außenposten im Outer Rim jede Skala sprengen. Und da ich ebenso wenig gewillt bin, mich persönlich nach Vashka zu begeben, um hier gegen ein Rudel riesiger Apidaktylus-Insekten zu kämpfen und das flüssige Gold aus ihrem Bau zu holen, ziehe ich es für gewöhnlich vor, meine Gerichte auf andere Weise zu süßen. Einen Honig jedoch gibt es, bei dem ich nicht anders kann, als über meinen Schatten zu springen und die nötigen Credits dafür hinzublättern. Konkret handelt es sich dabei um einen seltenen Likör, den mein ithorianischer Geschäftspartner Dok-Ondar vom Planeten Akiva bezieht. Die sirupartige Süße dieses Gesöffs klingt lange auf den Lippen nach, bevor sich ein ganzer Strauß blumiger Aromen entfaltet – ja, man schmeckt sogar eine Spur Pfeffer. Doch da ich jedes Mal Schwierigkeiten habe, das viele Geld zusammenzukratzen, um von Dok eine neue Flasche zu kaufen, habe ich mir stattdessen diese Alternative einfallen lassen.

ZUTATEN

VORBEREITUNG: 10 MINUTEN
ZIEHZEIT: 5 TAGE
ERGIBT: UNTERSCHIEDLICH
SCHWIERIGKEIT: EINFACH

60 G ZUCKER
150 G HONIG
240 ML WASSER
20 G GETROCKNETE ESSBARE LAVENDELBLÜTEN
3 GANZE GEWÜRZNELKEN
1 TEELÖFFEL GERIEBENE ORANGENZESTE
1 TEELÖFFEL PARADIESKÖRNER, AUFGEBROCHEN
50 ML WODKA
LAVENDELFARBENE GEL-LEBENSMITTELFARBE

1. Sämtliche Zutaten abgesehen vom Wodka und der Lebensmittelfarbe bei mittlerer bis großer Hitze in einem kleinen Topf zum Kochen bringen. So lange köcheln lassen, bis sich der Zucker und der Honig vollständig aufgelöst haben, dann vom Herd nehmen.
2. Ca. 1 Stunde abkühlen lassen, dann den Wodka und so viel Lebensmittelfarbe hinzugeben, wie nötig ist, um die gewünschte Färbung zu bekommen. In einen sauberen Behälter füllen und für 5 Tage in den Kühlschrank stellen.
3. Anschließend in saubere Flaschen seihen und bis zum Gebrauch gut gekühlt lagern.

RODIANISCHER SPLEISSER

Wenn es um Essen und Trinken geht, gibt es nicht viele Dinge, bei denen ich Hemmungen habe, sie zuzubereiten. Der Rodianische Spleißer ist hier eine der wenigen Ausnahmen. Denn dieser kräftige Cocktail besteht aus Zutaten, die allein für sich genommen schon extrem reinhauen. Ja, schlimmer noch: Verwendet man beim Mixen nicht genau die richtigen Mengen, wirkt der Drink bei den meisten Spezies tödlich. Dies ist genau die Art von Gesöff, das sich Schmuggler bestellen, die anderen auf Biegen und Brechen etwas beweisen wollen. Doch trotz seiner Tödlichkeit behaupten die Leute, dass das intensive Aroma eines Rodianischen Spleißers fast genauso berauschend ist wie die Fülle an Alkohol, die darin steckt. Was das betrifft, ziehe ich es allerdings vor, mich einfach auf ihr Wort zu verlassen, da es mir normalerweise lieber ist, Drinks zu genießen, bei denen ich mir keine Gedanken darüber machen muss, ob mein nächster Schluck vielleicht auch mein letzter ist.

VORBEREITUNG: 5 MINUTEN
ERGIBT: 1 PORTION
SCHWIERIGKEIT: MITTEL

ZUTATEN

15 ML KAFFEELIKÖR
15 ML IRISH CREAM-LIKÖR, Z. B. BAILEYS
15 ML BOURBON ODER WHISKEY

1. Den Kaffeelikör in ein Schnapsglas geben.
2. Mit der Rückseite nach oben einen Löffel so über das Glas legen, dass die Löffelspitze die Kaffeeschicht gerade so berührt.
3. Den Irish Cream-Likör so über die Rückseite des Löffels gießen, dass der Likör oben auf die Kaffeeschicht tropft.
4. Diesen Vorgang mit dem Bourbon wiederholen, und dann nix wie runter mit dem Zeug!

SICHERER HAFEN

Jeder, der schon einmal durch einen kosmischen Mahlstrom geflogen ist, weiß, dass die Gefahr hinter jeder interstellaren Gaswolke lauert. Wenn man ständig Karbonbergen und riesigen, im Vakuum lebenden Monstern ausweichen muss oder versucht, dem Sog einer sterngroßen Gravitationsquelle zu entkommen, ist das für die Nerven nicht gerade förderlich. Natürlich werden die meisten normalen Leute niemals gezwungen sein, quasi im Blindflug durch den Akkadesischen Mahlstrom zu navigieren, doch einige wollen trotzdem unbedingt mal die euphorische Erleichterung verspüren, die einen nach einer haarscharf geglückten Flucht erfüllt. Diese prickelnde Mixtur verschiedener Alkoholika ist da genau das Richtige – sie wärmt den Körper und beruhigt die Nerven. Ich schwör's euch: Falls ihr das Glück habt, den Kessel-Flug zu überleben, werdet ihr euch in der Sekunde, in der ihr den nächsten Außenposten erreicht, gleich ein paar hiervon hinter die Binde gießen wollen!

VORBEREITUNG: 5 MINUTEN
ERGIBT: 1 PORTION
SCHWIERIGKEIT: EINFACH

ZUTATEN

30 ML AROMATISIERTER RUM
30 ML RUBINROTER PORTWEIN
15 ML INGWERLIKÖR
1 TEELÖFFEL LIMONENSAFT
60 ML KRÄFTIGES INGWERBIER
LIMONENSPALTE, ALS GARNITUR

1. Den Rum, den Portwein, den Ingwerlikör und den Limonensaft in einem hohen Glas mit etwas grob zerstoßenem Eis vermischen.
2. Das Ingwerbier darüber gießen und mit einer Limonenspalte garnieren.

PAONGA FRESCA

Auf dieses erfrischende Gebräu bin ich vor einer Weile rein zufällig gestoßen, als ich meine Yobshrimps auf Naboo noch selbst gefangen habe. Dazu müsst ihr wissen, dass ich den Fehler gemacht habe, meine Fallen ohne Erlaubnis des örtlichen Gungan-Oberhaupts im Paonga-See auszulegen. Es dauerte nicht lange, bis man mich geradewegs ins Zentrum der Unterwasserstadt Otoh Gunga eskortierte. Doch als den Gungans klar wurde, dass ich keine Gefahr darstelle, schickten sie mich wieder weg – ja, sie boten mir sogar ein großes Glas dieses sumpfigen Tranks an, in dem alle möglichen Samen schwammen, die sie eigens dafür von der Oberfläche des Sees abgeschöpft hatten. Da ich nicht riskieren wollte, meine Gastgeber noch mehr zu beleidigen, würgte ich das Zeug widerwillig runter. Zu meiner Überraschung brachte mich die perfekte Verschmelzung von klaren Aromen und fremdartigen Texturen in diesem grünen Grog dazu, dass ich mir wünschte, ich wäre schon etliche Jahre früher mit den Gungans in Konflikt geraten.

VORBEREITUNG: 5 MINUTEN
AUFGUSSZEIT: 20 MINUTEN
ERGIBT: 1 BIS 2 PORTIONEN
SCHWIERIGKEIT: EINFACH

ZUTATEN

240 ML WASSER
500 ML LIMEADE (FERTIG)
40 G CHIASAMEN
½ TEELÖFFEL SPIRULINAPULVER
½ TEELÖFFEL MATCHA-TEEPULVER

1. Alle Zutaten in einem angemessen großen Behälter mit Deckel miteinander vermischen und ein paar Mal kräftig schütteln, um alles gut miteinander zu vermengen.
2. Mindestens 20 Minuten ruhen lassen, damit die Chiasamen gelieren. Dann entweder gekühlt oder bei Zimmertemperatur genießen.

BANTHA-CHAI

Ein Restaurant zu betreiben ist ein echter Vollzeitjob, daher steht normalerweise immer eine große Kanne mit frisch gebrühtem schwarzem Kaff parat. Doch obwohl der Energiekick, den einem der Kaff verschafft, mir hilft, Tag und Nacht durchzuarbeiten, lässt der bittere Geschmack doch ein wenig zu wünschen übrig. Deshalb ziehe ich, wann immer ich mal einen Moment zum Entspannen habe, eine dampfende Tasse Tee aus lokalen Kräutern vor. Tatsächlich habe ich mich bei meinem letzten Aufenthalt auf Batuu sogar dabei ertappt, wie ich etwas frische Bantha-Milch von Bubo Wambas Milchstand in meinen Tee gerührt habe, um die darin enthaltenen Aromen noch ein wenig besser abzurunden und dem Getränk zugleich eine gewisse cremige Dickflüssigkeit zu verleihen. Jeder Schluck ist weich und besänftigend, doch um ehrlich zu sein, reicht der Duft, der vom Becher aufsteigt, schon fast aus, um mir einen dringend nötigen Augenblick der Ruhe zu verschaffen, bevor ich mich wieder ins Getümmel des geschäftigen Restaurantbetriebs stürze. (Da ich vermute, dass ihr gerade kein Bantha zur Hand habt, muss diese Zubereitungsvariante genügen.)

ZUTATEN

500 ML REISMILCH ODER MILCH EURER WAHL
2 TEELÖFFEL PFEILWURZPULVER
1 BEUTEL BLAUER TEE
2,5 CM FRISCHE INGWERWURZEL, IN DÜNNE SCHEIBEN GESCHNITTEN
PRISE GEMAHLENER KARDAMOM
PRISE GERIEBENE MUSKATBLÜTE
1 BIS 2 ESSLÖFFEL ZUCKER, NACH BELIEBEN

ZUBEREITUNG: 15 MINUTEN
ERGIBT: 1 PORTION
SCHWIERIGKEIT: EINFACH

1. In einem kleinen Topf die Milch und das Pfeilwurzpulver miteinander verquirlen. Dann bei niedriger bis mittlerer Hitze auf den Herd stellen.
2. Die übrigen Zutaten dazugeben und unter gelegentlichem Umrühren so lange erwärmen, bis die Mischung dampft.
3. Das Ganze ca. 5 Minuten durchziehen lassen, bis der Chai eine kräftige blaue Farbe angenommen hat und ordentlich nach Gewürzen duftet.
4. Vom Herd nehmen. In einen sauberen Krug seihen und sofort genießen.

SONNENAUFGANGSKAFF

Früher habe ich meinen Kaff immer so schwarz getrunken wie das Weltall selbst. Doch meine Zeit auf Batuu hat mich ermutigt, einige Brühvariationen auszuprobieren, die sich ein bisschen mehr in Richtung der »helleren Seite« bewegen. Unlängst habe ich auf einer frühmorgendlichen Runde über den Black Spire-Markt an Kat Sakas Stand eine ungewöhnliche Kräutermischung erworben. Das süße Aroma dieser Mixtur war so ungemein verführerisch, dass ich es kaum erwarten konnte, sie zu kosten. Deshalb rührte ich einen Löffel geradewegs in meine Tasse – zusammen mit einem ordentlichen Schuss frischer Sahne von meinem Kumpel Bubo Wamba. Es erübrigt sich wohl zu sagen, dass ich vom ersten Schluck an begeistert war! Dank der kräftigen, warmen Gewürzmischung und des samtigen, cremigen Nachhalls ist dieses Gebräu, das ich meinen Sonnenaufgangskaff nenne, für mich der perfekte Start in den neuen Tag. Und was jene von euch angeht, die das Glück haben, auf einer Welt mit mehr als einer Sonne zu leben: Ihr seid echte Glückspilze! Denn das verschafft euch den idealen Vorwand, um euch gleich eine Tasse mehr zu gönnen!

ZUTATEN

- 240 ML SCHWARZER KAFFEE (GEKOCHT)
- 120 ML MILCH
- 1 ESSLÖFFEL KOKOSÖL
- ½ TEELÖFFEL CHINESISCHES FÜNF-GEWÜRZE-PULVER
- 2 TEELÖFFEL KURKUMAPULVER
- 60 G CRÈME DOUBLE
- ROHRZUCKER ODER ANDERES SÜSSUNGSMITTEL, NACH BELIEBEN

VORBEREITUNG: 10 MINUTEN
ZUBEREITUNG: 10 MINUTEN
ERGIBT: 1 PORTION
SCHWIERIGKEIT: EINFACH

1. Den Kaffee, die Milch, das Kokosöl, das Fünf-Gewürze-Pulver und 1 Teelöffel von dem Kurkuma in einem kleinen Topf bei mittlerer Hitze miteinander vermischen. So lange erwärmen, bis die Mischung zwar dampft, aber noch nicht blubbert. Dann vom Herd nehmen und ca. 5 Minuten ziehen lassen.
2. Die Crème double und das übrige Kurkuma in eine kleine Schüssel oder einen Cocktailshaker geben und ca. 30 Sekunden kräftig durchrühren oder schütteln, bis das Ganze etwas eingedickt ist.
3. Zum Servieren die Kaffeemischung in einen Becher gießen, nach Belieben süßen und mit der angedickten Sahne krönen.

LOTHAL-WÜRZBRÄU

Bei meinem letzten Besuch auf Lothal habe ich an einem winzigen alten Außenposten einige Stunden außerhalb der Hauptstadt angedockt, den die Einheimischen Jhothal nennen. Zwar hat dieser Ort schon bessere Tage gesehen, doch dafür war bereits auf den ersten Blick klar, dass er auf eine reichhaltige Geschichte zurückschaut. Und in meiner Welt gehen Geschichte und Geschmack normalerweise Hand in Hand. Nachdem ich mich ein bisschen umgesehen – und einige Stücke Lothratten-Kuchen verspachtelt – hatte, erfuhr ich, dass der Außenposten früher von einem Ithorianer betrieben wurde, der als der Alte Jho bekannt war. Jedenfalls so lange, bis das Imperium beschloss, ihn dafür hinrichten zu lassen, dass er einigen einheimischen Rebellen geholfen hatte. Jho hatte ein mitfühlendes Ohr und eine helfende Hand, doch es war sein Würzbräu, das ihn hier zu einer echten Legende machte. Die imperiale Besatzung hat er selbst zwar nicht überlebt, das Rezept für sein kräftiges, würziges Gebräu hingegen schon. Also stoßt beizeiten mit einem ordentlichen Krug hiervon auf den Alten Jho an!

VORBEREITUNG: 5 MINUTEN
ERGIBT: 1 PORTION
SCHWIERIGKEIT: EINFACH

ZUTATEN

360 ML STOUT-BIER
120 ML KONDENSMILCH
¼ TEELÖFFEL ZIMT
¼ TEELÖFFEL GEMAHLENE MUSKATNUSS
30 ML BRANDY (OPTIONAL)

1. Alle Zutaten in einen Küchenmixer geben und so lange durcharbeiten, bis das Ganze trüb und cremig ist.
2. In ein hohes, mit Eis gefülltes Glas füllen und zum Servieren mit einer Prise Muskatnuss bestreuen.

NAHRUNGSMITTELINFORMATIONEN

V = Vegetarisch — V+ = Vegan

GF = Glutenfrei — V*, V*+ & GF* = Kann mit einigen Änderungen mühelos auch vegetarisch, vegan oder glutenfrei zubereitet werden

WÜRZMITTEL, SOßEN + GARNIERUNGEN

Nerfsteak-Würze	GF	V	V+
Saka-Salz	GF	V	V+
Gurreck-Soße	GF	V*	
Emul-Soße	GF	V	
Mooganischer Würzsirup	GF	V	V+
Dagobah-Schneckensirup	GF	V	V+
Chadianisches Dressing	GF	V	
Goldflechtenwaffel	GF*	V	V+*
Christophsianischer Zucker	GF	V	V+
Nektrosekristalle	GF	V	

BEILAGEN, VORSPEISEN + SNACKS

Kats Kesselpopcorn	GF	V	V+
Stolz des Grillmeisters			
Hudalla-Ringe	GF		
Gebratene Kajakawurzel	GF	V	
Xizor-Salat	GF	V*	
Geschmorte Chando-Paprika	GF	V	
Mooschips	GF	V	
Brutzelfritten	GF	V	
Frittierte Mon Cala-Sardinen	GF*		
Devaronianisches Soufflé	GF	V	
Frittierte Zuchii		V	
Gefüllte Pikobi-Eier	GF	V	
Würgwurzelpüree	GF	V	
Marschallskappen		V	

SUPPEN + EINTÖPFE

Wurzelblatteintopf	GF	V	V+
Topato-Suppe	GF	V*	
Tatooine-Terrine	GF	V*	
Pikanter Mandalorianer-Eintopf			

BROTE

Ronto-Fladenbrot		V	V+
Polystärke-Rationsbrot		V	V+
Fünf-Blüten-Brot		V	
Mustafarianische Lavabrötchen		V	
Mampfpilzbrot		V	

HAUPTGERICHTE

Yobshrimp-Nudelsalat		V*	
Shaak-Schmorbraten			
Frittierte endorianische Tip-Yips	GF*		
Ronto-Wrap			
Felucianischer Gartensalat	GF*	V	V+
Gormaandas Blauglühnudeln	GF	V	
Nerf-Kebabs			
Ballonsau mit Füllung	GF		
Parwanische Nutrikekse	GF*	V	
Huttische Schleimschoten		V	
Gruuvan-Shaal-Spieße			

NACHSPEISEN

Wroshyr-Baumkuchen		V
Bespin-Wolkentropfen	GF	V
Cavaellinische Würzcremekekse		V
Mandalorianischer Uj-Kuchen		V
Süßsandkekse	GF*	V
Corellianische Ryshcate-Küchlein		V
Keshianische Würzkringel		V
Mimbanesische Schlammrutsche	GF	V
Nektrose-Eis	GF	V
Kowakianischer Krümelkuchen		V
Zoochbeeren-Torte		V
Tepasi-Toffee	GF	V

GETRÄNKE

Mooga-Tee	GF	V	
Coruscant Cooler		V	V+
Dagobah-Schneckenscheucher	GF	V	V+
Blurrgfeuer	GF	V	V+
Klippenbewohner	GF	V	V-
Hyperantrieb	GF	V	V-
Photonenfizzle		V	V-
Akivanischer Likör		V	
Rodianischer Spleißer	GF	V	
Sicherer Hafen	GF	V	V-
Paonga Fresca	GF	V	V-
Bantha-Chai	GF	V	V-
Sonnenaufgangskaff	GF	V	V-*
Lothal-Würzbräu		V	

Der Verzehr von rohen oder halbgaren Eiern kann das Risiko einer Lebensmittelvergiftung steigern.

ÜBER DIE AUTOREN

CHELSEA MONROE-CASSEL ist die Autorin von *World of Warcraft: Das offizielle Kochbuch, Hearthstone: Die besten Gasthaus-Rezepte, Overwatch – Das offizielle Kochbuch* und *The Elder Scrolls: Das offizielle Kochbuch* sowie Ko-Autorin des Bestsellers *A Game of Thrones – Das offizielle Kochbuch*. Ihr Werk ist eine Synthese aus Fantasie und historischen Nachforschungen. Diese Leidenschaft hat sie dazu veranlasst, sich der Aufgabe zu verschreiben, imaginäre Speisen Wirklichkeit werden zu lassen. Sie liebt Fremdsprachen, Schatzsuchen und alles, was mit Honig zu tun hat.

MARC SUMERAK wurde bereits für den Eisner- und den Harvey-Award nominiert. Er arbeitet als Autor und Redakteur und hat in den letzten zwanzig Jahren an Comics, Büchern und Videospielen zu einigen der beliebtesten Franchises der Popkultur mitgearbeitet, darunter u. a. Marvel, *Star Wars*, Harry Potter, *Firefly*, *Ghostbusters* und viele weitere. Zu seinen anderen Werken aus einer weit, weit entfernten Galaxis gehören *Star Wars: Droidography* und *Star Wars: Luke Skywalker and the Secrets of the Jedi*. An dieser Stelle möchte er die Gelegenheit nutzen, um den Lesern zu versichern, dass bei der Produktion dieses Buches keine Porgs zu Schaden gekommen sind!

DANKSAGUNGEN

Chelsea Monroe-Cassel dankt Marc Sumerak, Elena Pons Craig und Ted Thomas sowie den Teams bei Insight Editions, Lucasfilm und Disney, durch deren großartige Zusammenarbeit dieses Buch überhaupt möglich war. Und was B. betrifft, ob nun in einer nahen oder einer weit, weit entfernten Galaxis: Ich weiß.

Marc Sumeraks Dank gilt Chelsea Monroe-Cassel, Chris Prince, Landry Q. Walker, Robert Simpson nebst seinem Team bei Lucasfilm Publishing, der Lucasfilm Story Group, Scott Trowbridge, Margaret Kerrison mitsamt dem ganzen Galaxy's Edge-Team bei Walt Disney Imagineering, und, natürlich, George Lucas. Dieses Buch ist für Jess, Charlie und Lincoln, ohne die ich im Wilden Raum verloren wäre.

PANINI BOOKS
www.paninibooks.de

Die amerikanische Originalausgabe erschien 2019 bei Insight Editions, San Rafael, Kalifornien, USA.

Publisher: Raoul Goff
President: Kate Jerome
Associate Publisher: Vanessa Lopez
Creative Director: Chrissy Kwasnik
Senior Designer: Stuart Smith
Executive Editor: Chris Prince
Editorial Assistant: Anna Wostenberg
Managing Editor: Lauren LePera
Senior Production Editor: Elaine Ou
Senior Production Manager: Greg Steffen

Fotos von Ted Thomas
Foodstyling und Requisiten: Elena P Craig
Assistenz Foodstyling und Requisiten: Wesley Anderson
Originalartworks auf S. 8-25 von Joel Hustak

Die deutsche Ausgabe erschien 2019 bei der Panini Verlags GmbH, Rotebühlstraße 87, 70178 Stuttgart.
Geschäftsführer: Hermann Paul
Head of Editorial: Jo Löffler
Head of Marketing: Holger Wiest
Projekt-Redaktion: Andreas Kasprzak, Grinning Cat Productions
Übersetzung: Andreas Kasprzak
Lektorat: Thomas Gießl
Satz und Layout: Lennart Franke
Presse und PR: Steffen Volkmer

YDSWWC006
ISBN 978-3-8332-3856-7
1. Auflage, Januar 2020

Hergestellt in Italien von Insight Editions

ROOTS of PEACE REPLANTED PAPER

Insight Editions, in association with Roots of Peace, will plant two trees for each tree used in the manufacturing of this book. Roots of Peace is an internationally renowned humanitarian organization dedicated to eradicating land mines worldwide and converting war-torn lands into productive farms and wildlife habitats. Roots of Peace will plant two million fruit and nut trees in Afghanistan and provide farmers there with the skills and support necessary for sustainable land use.